国家中等职业教育改革发展示范学校建设项目成果
国家中等职业教育改革发展示范学校建设系列教材

汽车发动机拆装

QICHE FADONGJI
CHAIZHUANG

刘婷婷　刘新江　张世弟◎主编

西南交通大学出版社
·成都·

图书在版编目（CIP）数据

汽车发动机拆装 / 刘婷婷，刘新江，张世弟主编.
—成都：西南交通大学出版社，2014.5
国家中等职业教育改革发展示范学校建设系列教材
ISBN 978-7-5643-3025-5

Ⅰ. ①汽… Ⅱ. ①刘… ②刘… ③张… Ⅲ. ①汽车－
发动机－装配（机械）－中等专业学校－教材 Ⅳ.
①U464

中国版本图书馆 CIP 数据核字（2014）第 082811 号

国家中等职业教育改革发展示范学校建设系列教材
汽车发动机拆装

刘婷婷　刘新江　张世弟　主编

责 任 编 辑	孟苏成
封 面 设 计	墨创文化
出 版 发 行	西南交通大学出版社
	（四川省成都市金牛区交大路 146 号）
发 行 部 电 话	028-87600564　028-87600533
邮 政 编 码	610031
网　　　址	http://press.swjtu.edu.cn
印　　　刷	成都勤德印务有限公司
成 品 尺 寸	185 mm × 260 mm
印　　　张	8.25
字　　　数	205 千字
版　　　次	2014 年 5 月第 1 版
印　　　次	2014 年 5 月第 1 次
书　　　号	ISBN 978-7-5643-3025-5
定　　　价	19.00 元

总　序

中等职业教育是我国教育体系的重要组织部分，是全面提高国民素质、增强民族产业发展实力、提升国家核心竞争力、构建和谐社会以及建设人力资源强国的基础性工程。为大力推进中等职业教育改革创新，全面提高办学质量，2010—2013年，国家组织实施中等职业教育改革发展示范学校建设计划，中央财政重点支持1 000所中等职业学校改革创新，我校是第二批示范校建设单位之一。在近两年的示范建设过程中，我们与西南交通大学出版社合作开发了28本示范建设教材，且有17本即将公开出版，这是我校示范校建设取得的重要成果，也是弘扬学校特色和品牌的很好载体。

呈现在大家面前的这套系列教材，反映了我校近年教学科研工作的阶段性成果。从课程来源看，不仅有学校4个重点建设专业（道路与桥梁工程施工专业、汽车运用与维修专业、物流服务与管理专业、工程机械运用与维修专业）的课程，也有公共基础课程；从教材形态看，又可以分为两类：一是以知识性内容为主、兼顾实践性活动、培养学生综合素质的理实一体化教材；二是以学生实践为主的实训操作手册。教材的编写过程倾注了编者大量的心血，融入了作者独到的见解和心得，更是各专业科室集体智慧的结晶。

这套教材的开发，在学生学习状态分析的基础上，根据技能型人才培养的实际需要，积极实现职业岗位与专业教学的有机结合。这17本教材比较准确地把握了专业课程的特征，具备了一定的理论水平，突出了实践性、活动性，符合新课程理念，对我校课程建设将会产生深远的影响，对学生全面健康成长也会产生积极的作用，对创新中职学校人才培养模式与课程体系改革将起到引领和示范作用。

在内容上，这套教材有如下特点：一是对于基础知识教学以"必需、够用"为度，以讲清概念、强化应用为教学重点。二是根据职业岗位需求，基于工作过程为线索来组织写作思路。三是方法具体，基本技能可操作性强。四是表达简洁，图文并茂，形式生动活泼，学生易于理解、掌握和实践。

由于时间紧迫，编者理论和实践能力水平有限，书中难免存在一些不足和缺点，需要进一步修改、完善和充实。我们希望老师和同学们提出宝贵意见，希望读者和专家给予帮助指导，使之日臻完善！

四川交通运输职业学校
国家中等职业教育改革发展示范学校建设
系列教材编写委员会
2014年2月

前 言

由于汽车维修技术的不断更新，对汽车维修技术人员的要求也不断提高。本教材突出学生在校学习与实际工作的一致性，借鉴当代职业教育的最新理论与方法，结合职业院校学生的特点，从我校实际情况出发，"以市场为目标，以就业为导向，以培养具有较强实践动手能力、能够顶岗实习且适应汽车后市场和地方经济的高素质一线技术工人为目标"，有针对性地采取工学结合、任务驱动、项目导向、课堂理论教学与操作实习的一体化等行动导向的教学模式。

本教材有以下主要特点：

1. 课程的设置

本学习模块根据车辆维修作业，按车辆进厂—接车—下工单—吊装—各个小的维修项目—总装调试—出厂的顺序模式，充分让学生学习汽车发动机拆装的各个流程。通过完成学习任务，最终给学生一种成功的感觉，提高学生学习兴趣。在学习过程中，严格要求学生按照生产车间的要求进行学习，规范学生对工具设备的使用要求，按 6S（6S 是指整理、整顿、清扫、清洁、素养、安全）来要求学生，培养学生的良好行为习惯和职业素养。

2. 教材编写形式

本教材在内容、格式、方法和侧重点上与以往教材都有所不同。以往教材习惯上把理论和实习分开编写，纯粹的理论讲解，学生学习枯燥无味；实习时单纯的机械操作，没有理论来指导，理论和实习严重脱节的现象较为突出。本教材把理论和实际工作内容融合在一起，便于学生学习吸收。本教材理论授课时可以看到实际的东西，使学生学习理论时知道如何实践，实践中又可学习理论知识。

3. 学习组织形式与方法

本课程采用学习站的任务式教学，理论教室和实训教室合二为一，使理论和实训能很好地结合起来。学生以小组学习的模式进行学习，在教师指导下或借助维修手册等资料，完成每个学习任务。在每个学习任务中，根据老师设计的问题和工作页作为引导，以完成工作页的形式完成任务及操作。学生在此基础上独立思考或小组合作，设计出自己不同的维修计划。

每个小组选拔一个小组长，负责本小组的学习任务中的各项基本管理工作，相当于生产车间的组长。学习过程中以学生自己主动学习为主，老师巡回指导为辅，小组相互讨论，锻炼学生的独立思考能力和团结精神。对学习任务要认真考虑、做好记录和自我评价与反思，最终由教师考核是否通过本学习模块的学习。

　　本书由四川交通运输职业学校刘婷婷、刘新江和张世弟主编，限于编者经历和水平，书中不当甚至错误在所难免，恳请使用本教材的师生和读者批评指正。在此，我们还要对本书参考文献的作者表示诚挚的谢意。

编　者

2014 年 3 月

目　录

学习任务一　职业素养教育及拆装前的准备

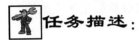 **任务描述**：

小李是一名刚从汽修学校毕业的学生，刚刚进入工作岗位的他需要做哪些准备呢？

学习目标：

通过本学习任务的学习，应当能：

（1）区分每种常用工具各自有何优缺点，熟悉使用各种常用工具。

（2）了解各种安全事项，培养良好的职业道德素养。

建议学时：4 课时

学习内容：

一、任务准备

引导问题 1：进入维修车间，有哪些安全生产注意事项？

1. 个人安全

1）眼睛的防护

在汽车维修企业中，眼睛经常会受到各种伤害，如飞来的物体、腐蚀性的化学飞溅物、有毒的气体或烟雾等，但这些伤害几乎都是可以防护的。

常见的保护眼睛的装备是护目镜和面罩。护目镜可以防护各种对眼睛的伤害，如飞来物体或飞溅的液体。在下列情况下，应考虑佩戴护目镜：进行金属切削加工、用錾子或冲子铲剔、使用压缩空气、使用清洗剂等。面罩不仅能够保护眼睛，还能保护整个面部。如果进行电弧焊或气焊，要使用带有色镜片的护目镜或深色镜片的特殊面罩，以防止有害光线或过强的光线伤害眼睛。

注意：在摘下护目镜时，要闭上眼睛，防止粘在护目镜外的金属颗粒掉进眼睛里。

2）听觉的保护

汽车修理厂是个噪声很大的场所，各种设备如冲击扳手、空气压缩机、砂轮机、发动机等的噪声都很大。短时高噪声会造成暂时性听力丧失，但持续的较低噪声则更有害。常见的听力保护装备有耳罩和耳塞，噪声极高时可同时佩戴。一般在钣金车间必须佩戴耳罩或耳塞。

3）手的保护

手是身体经常受伤的部位之一，保护手要从两方面着手：一是不要把手伸到危险区域，如发动机前部转动的传动带区域、发动机排气管道附近等。二是必要时应戴上防护手套。不同的场合需用不同的防护手套，金属加工用劳保安全手套，接触化学品用橡胶手套。

4）衣服、头发及饰物

宽松的衣服、长袖子、领带都容易卷进旋转的机器中，所以在修理厂中，首先一定要穿合体的工作服，最好是连体工作服，外套、工装裤也可以，这些工作服比平时衣着安全多了。如果戴领带则要把它塞到衬衫里。工作时不要戴手表或其他饰物，特别是金属饰物，在进行电气维修时可能会导入电流而烧伤皮肤，或导致电路短路而损坏电子元件或设备。在工厂内要穿劳保鞋，可以保护脚面不被落下的重物砸伤，且劳保鞋的鞋底是防油、防滑的。长发很容易被卷入运转的机器中，所以长发一定要扎起来，并戴上帽子。

2. 工具和设备安全使用

1）手动工具的安全使用

手动工具看起来是安全的，但使用不当也会导致事故，如用一字旋具代替撬棍，会导致旋具崩裂、损坏；飞溅物会打伤自己或他人；扳手从油腻的手中滑落，掉到旋转的元件上，再飞出来伤人，等等。

另外，使用带锐边的工具时，锐边不要对着自己和工作同事。传递工具时要将手柄朝向对方。

2）动力工具的安全使用

所有的电气设备都要使用三相插座，地线要安全接地，电缆或装配松动应及时维护；所有旋转的设备都应有安全罩，以免部件飞出伤人。在进行电子系统维修时，应断开电路的电源，方法是断开蓄电池的负极搭铁线，这不仅可以保护人身安全，还能防止对电器的损坏。许多维修工序需要将车辆升离地面，在升起车辆前应确保汽车已被正确支撑，并应使用安全锁以免汽车落下。用千斤顶支起汽车时应当确保千斤顶支撑在汽车底盘大梁部分或较结实的部分。注意：升起汽车时要先看维修手册，找到正确的支撑点，错误的支撑点不仅危险，而且会破坏汽车的结构。工具和设备都要定期检查和保养。

3）压缩空气的安全使用

使用压缩空气时，应非常小心，不要将压缩空气对着自己或别人，不要对着地面或设备、车辆乱吹。压缩空气会撕裂耳鼓膜，造成失聪；会损伤肺部或伤及皮肤；被压缩空气吹起的尘土或金属颗粒会造成皮肤、眼睛损伤。

3. 日常安全守则

（1）工具不使用时应保持干净并放到正确的位置。

（2）各种设备和工具要及时检查和保养。

（3）手上应避免油污，以免工具滑脱，如图 1-1 所示。

图 1-1　避免油污

（4）不要在车间内乱转。

（5）在车间内穿戴、着装要合适，并佩戴必要的安全防护装备，如手套、护目镜、耳塞等。

（6）尖锐的工具不要放到口袋里，以免扎伤自己或划伤车辆。

（7）常用通道上不要放工具、设备、车辆等。

（8）用正确的方法使用正确的工具。

（9）手、衣服、工具应远离旋转设备或部件。

（10）在极疲劳或消沉时不要工作，这种情况下会降低注意力，有可能会导致自身或他人的伤害。

（11）如果不知道车间设备如何使用，应先向明白的人请教，得到正确、安全的使用方法。

引导问题2：现场6S包括哪些？

如图1-2所示，填写6S示意图中各个环节名称

图1-2　现场6S

引导问题 3：汽修的常用工具有哪些？

1. 扳　手

扳手用以紧固或拆卸带有棱边的螺母和螺栓，常用的扳手有开口扳手、梅花扳手、套筒扳手、活动扳手、管子扳手等。

1）开口扳手

开口扳手适用于拆装标准规格的螺栓和螺母，是最常见的一种扳手，其规格是以两端开口的宽度 S（mm）来表示的，如 8～10、12～14 等，通常是成套装备，有 8 件一套、10 件一套等，如图 1-3 所示。

2）梅花扳手

梅花扳手同开口扳手的用途相似。其两端是花环式的，其孔壁一般是 12 边形，可将螺栓和螺母头部套住，扭转力矩大，工作可靠，不易滑脱，携带方便。如图 1-4 所示。使用时，扳动 30°后，即可换位再套，因而适用于狭窄场合下操作。与开口扳手相比，梅花扳手强度高，使用时不易滑脱，但套上、取下不方便。其规格以闭口尺寸 S（mm）来表示，如 8～10、12～14 等，通常是成套装备。现在有一头是开口扳手另外一头是梅花扳手的两用扳手，通常是成套装备，如图 1-5 所示。

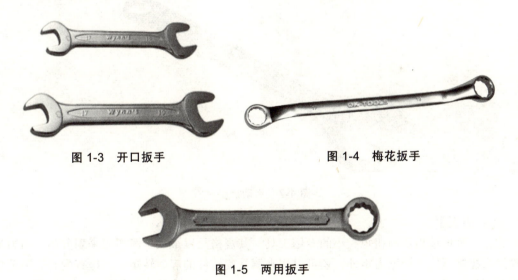

图 1-3　开口扳手　　　　　　　图 1-4　梅花扳手

图 1-5　两用扳手

3）套筒扳手

套筒扳手的材料、环孔形状与_____相同，适用于拆装位置狭窄或需要一定扭矩的螺栓或螺母。套筒扳手主要由_____、_____、_____、_____、_____和_____等组成，各种手柄适用于各种不同的场合，以操作方便或提高效率为原则，如图 1-6 所示。

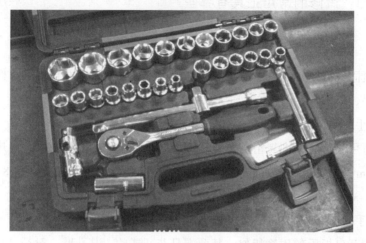

图 1-6　套筒扳手

4）活动扳手

其开口尺寸能在一定的范围内任意调整，使用场合与开口扳手相同，但活动扳手操作起来不太灵活。如图 1-7 所示，其规格是以最大开口宽度（mm）来表示的，常用的有 150 mm、300 mm 等，通常是由碳素钢（T）或铬钢（Cr）制成的。

图 1-7　活动扳手

5）扭力扳手

它是一种可读出所施扭矩大小的专用工具。其规格是以最大可测扭矩来划分的。扭力扳手除用来控制螺纹件旋紧力矩外，还可以用来测量旋转件的起动转矩，以检查配合、装配情况。常用扭力扳手有_____和_____两种。请填写图 1-8 和图 1-9 的名称。

图 1-8

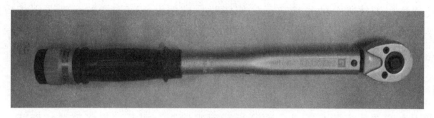

图 1-9

6）内六角扳手

内六角扳手是用来拆装＿＿＿＿＿＿＿螺栓用的，如图 1-10 所示。规格以六角形对边尺寸表示。汽车维修作业中使用成套内六角扳手拆装内六角螺栓。

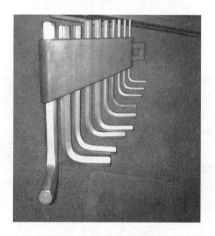

图 1-10　内六角扳手

2. 螺钉旋具

螺钉旋具俗称＿＿＿＿＿＿＿，主要用于旋松或旋紧有槽螺钉。螺钉旋具有很多类型，其区别主要是尖部形状，每种类型的旋具都按长度不同分为若干规格。常用的旋具是一字螺钉旋具和十字槽螺钉旋具，如图 1-11 所示。

十字螺丝刀

图 1-11　螺钉旋具

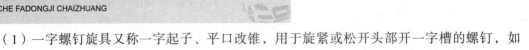

（1）一字螺钉旋具又称一字起子、平口改锥，用于旋紧或松开头部开一字槽的螺钉，如图所示。其规格以刀体部分的长度表示。使用时，应根据螺钉沟槽的宽度选用相应的规格。

（2）十字槽螺钉旋具又称十字形起子、十字改锥，用于旋紧或松开头部带十字沟槽的螺钉，材料和规格与一字螺钉旋具相同。

3. 钳 子

钳子多用来弯曲或安装小零件、剪断导线或螺栓等。钳子有很多类型和规格。

1）鲤鱼钳

如图 1-12 所示鲤鱼钳钳头的前部是平口细齿，适用于夹捏一般小零件。中部凹口粗长，用于夹持圆柱形零件，也可以代替扳手旋小螺栓、小螺母。钳口后部的刃口可剪切金属丝。由于一片钳体上有两个互相贯通的孔，又有一个特殊的销子，所以操作时钳口的张开度可很方便地变化，以适应夹持不同大小的零件，是汽车维修作业中使用最多的手钳。其规格以钳长来表示。

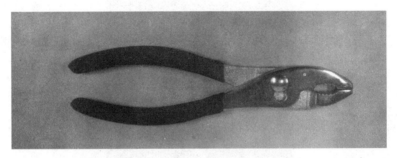

图 1-12　鲤鱼钳

2）尖嘴钳

如图 1-13 所示，因其头部细长，所以能在较小的空间内工作，带刃口的能剪切细小零件，使用时不能用力太大，否则钳口头部会变形或断裂。其规格以钳长来表示。

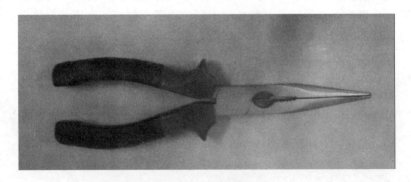

图 1-13　尖嘴钳

3）老虎钳

老虎钳也叫钢丝钳。手工工具，钳口有刃，多用来起钉子或夹断钉子和铁丝。如图 1-14 所示。

图 1-14　钢丝钳

4. 锤　子

汽车维修中常用锤子有手锤、木槌和橡胶锤。手锤通常用工具钢制成，规格按锤头质量划分。使用时应使锤头安装牢靠，手握锤柄末端，用锤头正面击打物体。木槌和橡胶锤主要用于击打零件加工表面，以保护零件不被损坏。如图 1-15 所示。

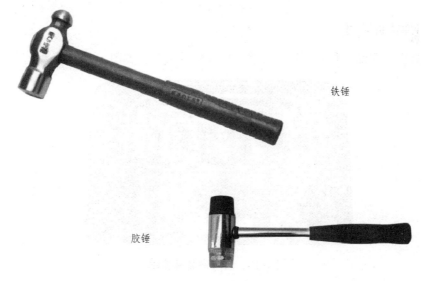

铁锤

胶锤

图 1-15　各种锤

5. 火花塞套筒

千万不要试图用钳子或其他扳手拆卸或安装火花塞。在使用火花塞套筒时，一定要对准火花塞并套牢后才能扭动。如果扭动时阻力很大，应查明原因后再动手，不要用大力拆装。转动时，另一只手应稍微压住套筒的另一端，以确保操作安全。如图 1-16 所示。

图 1-16　火花塞套筒

6. 活塞环拆装钳

活塞环拆装钳是一种专门用于拆装活塞环的工具，如图 1-17 所示。

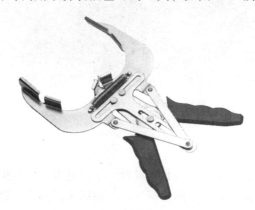

图 1-17　活塞环拆装钳

7. 气门弹簧拆装钳

气门弹簧拆装钳是一种专门用于拆装气门弹簧的工具，如图 1-18 所示。

图 1-18　气门弹簧拆装钳

8. 拉　器

拉器是用于拆卸过盈配合安装在轴上的齿轮或轴承等零件的专用工具，如图 1-19 所示。

图 1-19　三脚拉器

9. 活塞环压缩器

活塞环压缩器也称为活塞环箍，是一种将活塞装入气缸的工具，如图1-20所示。

图 1-20 活塞环压缩器

二、任务实施

引导问题 4：完成本任务，需要使用的主要工具有哪些？

在表1-1中填写本任务所需要使用的工具。

表 1-1 工具名称及型号

名称	型号	名称	型号

引导问题 5：怎样规范使用常用汽车维修工具？

1. 扳 手

1）开口扳手

开口扳手的规范使用如图1-21所示。

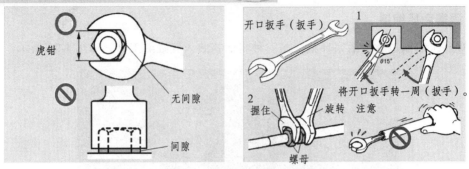

图 1-21 开口扳手的使用注意事项

2）梅花扳手

梅花扳手使用注意事项如图 1-22 所示。

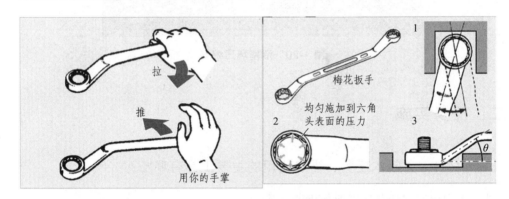

图 1-22 梅花扳手的使用注意事项

3）套筒扳手

将套筒套在配套手柄的接头上，再将套筒套住螺栓或螺母，如图 1-23 所示。

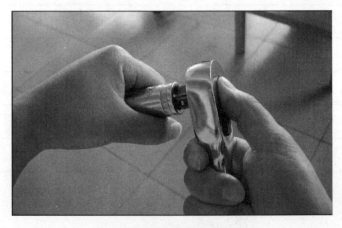

图 1-23 套筒搭配快速扳手

如图 1-24 所示，在使用套筒的过程中，左手握紧手柄与套筒连接处，切勿摇晃，以免套筒滑出或损坏螺栓螺母的棱角。朝向自己的方向用力，可防止滑脱造成手部受伤。

图 1-24　套筒扳手的使用

如图 1-25 所示，通过调整锁紧机构可改变其旋转方向：将锁紧机构手柄调到左边，可以单向顺时针拧紧螺栓或螺母；将锁紧机构手柄调到右边，可以单向逆时针松开螺栓或螺母。

图 1-25　快速扳手的方向调整

4）活动扳手

活动扳手的正确与错误使用方法如图 1-26 所示。

正确使用活动扳手

错误使用活动扳手

图 1-26　活动扳手的正确与错误使用

5）扭力扳手

使用指针式扭力扳手时，应注意左手在握住扳手与套筒连接处时，不要碰到指针杆，否则会造成读数不准，如图 1-27 所示。

图 1-27　指针扭力扳手的不正确使用

数值式扭力扳手可通过旋转手柄，预先调整设定扭矩，达到设定扭矩时，该扳手会发出警告声响以提示用户。当听到"咔哒"声响后，立即停止旋力以保证扭矩正确，当扳手设在较低扭力值时，警告声可能很小，所以应特别注意，如图 1-28 所示。

图 1-28　数值扭力扳手的使用

在使用扭力扳手时尽量用拉的姿势，尽可能不用推的姿势，如图 1-29 所示。

图 1-29　扭力扳手不正确的使用

2. 螺钉旋具

螺钉旋具的使用如图 1-30 所示。

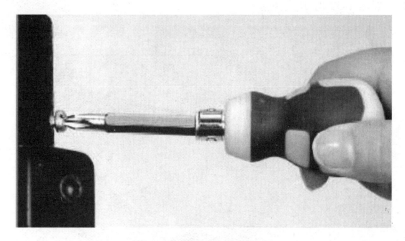

图 1-30　螺钉旋具的使用

3. 钳　子

在汽车维修中，应根据作业内容选用适当类型和规格（按长度分）的钳子，不能用钳子拧紧或旋松螺纹连接件，以防止螺纹件被倒圆，也不可用钳子当撬棒或锤子使用，以免钳子损坏。

4. 锤　子

严禁使用铁锤直接锤击配合表面及易损部位，因为铁锤会损坏低硬度材料制成的部件，例如铝制外壳或气缸盖等，如图 1-31 所示。

图 1-31　铁锤的错误使用

使用锤子时，眼睛要注视工作物，锤头面要和工作面平行，以确保锤面平整地打在工件上，不得歪斜，避免破坏工件表面形状，也防止锤子击偏，造成人员受伤和设备受损。使用时多挥动大臂，如图 1-32 所示。

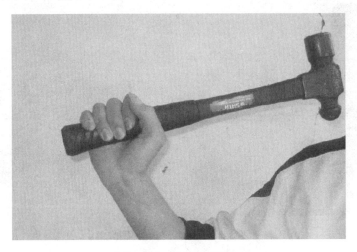

图 1-32　正确挥臂方法

5. 活塞环拆装钳

使用活塞环拆装钳时，将拆装钳上的环卡卡住活塞环开口，握住手把稍稍均匀地用力，使拆装钳手把慢慢地收缩，环卡将活塞环徐徐地张开，使活塞环能从活塞环槽中取出或装入。

使用活塞环拆装钳拆装活塞环时，用力必须均匀，避免用力过猛而导致活塞环折断，同时能避免伤手事故，如图 1-33 所示。

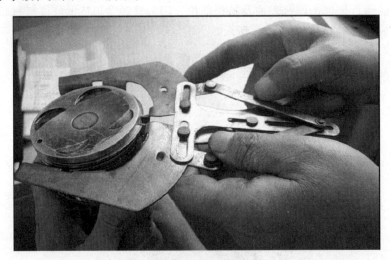

图 1-33　活塞环钳的使用

6. 气门弹簧拆装架

如图 1-34 所示，使用时将拆装架托架抵住气门，压环对正气门弹簧座，然后压下手柄，使得气门弹簧被压缩。这时可取下气门弹簧锁销或锁片，慢慢地松抬手柄，即可取出气门弹簧座、气门弹簧和气门等。

图 1-34 气门弹簧拆装架的使用

7. 活塞环压缩器

安装活塞环时，应将各环口位置正确地分布后，将活塞环压缩器包裹在活塞的外面，然后使用配套扳手收缩压缩器，将活塞环压入环槽内，如图 1-35 所示。

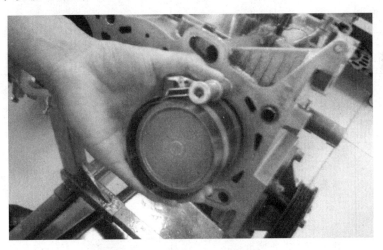

图 1-35 活塞环压缩器的使用

8. 拉 器

常用拉器为手动式，在一杆式弓形叉上装有压力螺杆和拉爪。使用时，在轴端与压力螺杆之间垫一垫板，用拉器的拉爪拉住齿轮或轴承，然后拧紧压力螺杆，即可从轴上拉下齿轮等过盈配合安装零件，如图 1-36 所示。

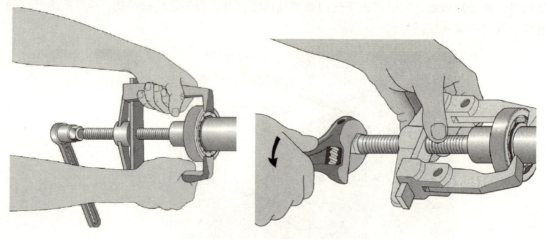

图 1-36　拉器的使用

三、评价与反馈

1. 任务实施考核成绩评定（表 1-2）

表 1-2　常用汽修工具使用考核表

考核项目及分值	考核内容	评分标准	评分记录
准备工作 10	清洁工量具及其工作台	1. 未清洁工量具扣 5 分 2. 未清洁工作台扣 5 分	
常用工具的认识和使用 60 分	扳手的认识和使用； 螺丝刀的认识和使用； 钳子的认识和使用； 手锤的认识和使用； 活塞环拆装钳的认识和使用； 活塞环箍的认识和使用； 气门弹簧拆装钳的认识和使用； 火花塞套筒的认识和使用； 拉器的认识和使用	1. 未正确说出部件名称一次扣 5 分 2. 未正确按照操作一次扣 5 分	
收尾工作 10 分	清洁工具、量具、工作台； 工、量具应摆放整齐	1. 未清洁扣 1～5 分 2. 未摆放整齐扣 5 分	
安全文明 10 分	无不文明操作	1. 安全隐患扣 10 分 2. 不文明操作扣 10 分	
考核时限 10 分	完成全部考核内容规定用时为 20 min	1. 超时 1 min 扣 5 分 2. 超时 5 min 即停止记分	

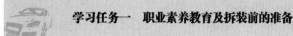

2. 任务过程评价与反馈（见表 1-3 和表 1-4）

表 1-3　任务过程评价表（教师填写）

考核项目	评分标准	分数	成绩	过程评价
劳动纪律	有无迟到、早退和旷工	5		
团队合作	是否和谐	5		
活动参与	是否精彩	5		
安全生产	有无安全隐患	10		
操作过程	是否正确、熟练	30		
任务质量	是否圆满完成	10		
工具、设备使用	是否规范、标准	10		
工作页填写	是否完整、规范	15		
现场 6S	是否做到	10		
总　分		100		

注：没有按照操作流程操作，出现人身伤害或设备严重事故，本任务考核结果为 0 分。

表 1-4　任务过程反馈表（学生填写）

反馈内容	回答
你是否完成本学习任务，并得到老师的确认？	
你是否能准确有效地收集、分析和组织完成资料，正确地交流信息？	
你是否已经掌握预期的知识和必备的技能？	
你是否充分使用学习资源和按计划有组织地完成任务？	
操作完成水平： 上述表格中的项目应为肯定回答。若不是，应咨询老师。你可以要求附加相关活动，以便完成相关的操作技能。 教师签字：_____ 学生签字：_____ 完成日期：_____	

四、学习拓展

（1）根据所学知识并查阅资料，说明拆装螺栓联接件时，怎样选用适当的工具。

（2）查阅资料，说明发动机正确的拆装顺序，并找到缸盖及盘类零件的拆装顺序。

学习任务二　发动机附件拆装

任务描述：

某车发动机故障，需要修理气缸。在修理之前要对发动机附件进行拆卸。请规范地拆卸和安装发动机附件。

学习目标：

通过本学习任务的学习，应当能：

（1）认识发动机基本结构，对各机构和系统有基本了解。

（2）规范地拆装发动机外附件。

建议学时：4 课时

学习内容：

一、任务准备

引导问题 1：什么是发动机，它有什么作用？

发动机是一种机器，也可以称为一种装置。它是将燃料的化学能转变成机械能的机器。

引导问题 2：发动机主要结构有哪些？

1. 两大机构

两大机构包括配气机构和曲柄连杆机构。配气机构是实现发动机换气过程的重要组成部分；曲柄连杆机构是发动机实现工作循环，完成能量转换的主要运动零件。如图 2-1 所示，请填写名称：

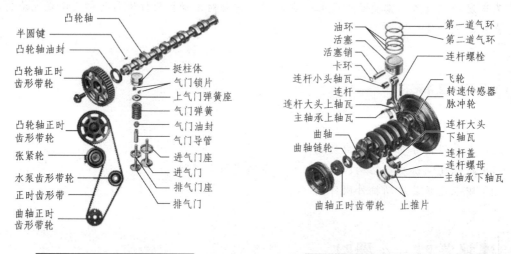

图 2-1　两大机构

2. 五大系统

1）燃料供给系统

燃料供给系统将汽油和空气混合成一定数量浓度的混合气，供给气缸，如图 2-2 所示。

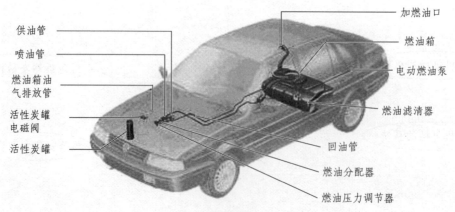

图 2-2　燃料供给系统

2）冷却系统

冷却系统把受热高温机件多余热量散发到大气中，保证发动机在正常温度下工作，如图2-3所示。

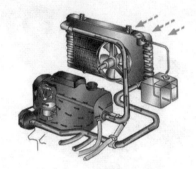

图2-3　冷却系统

3）润滑系统

润滑系统将机油送到各摩擦副间，减少它们之间的摩擦，如图2-4所示。

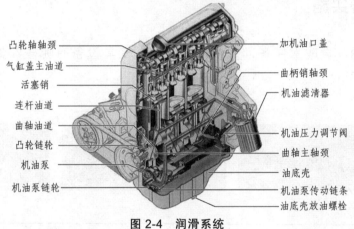

图2-4　润滑系统

4）点火系统

点火系统使火花塞适时产生电火花，点燃缸内混合气。柴油机是压燃式的，没有点火系统。如图2-5所示。

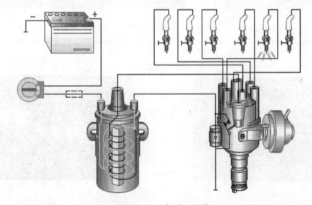

图2-5　点火系统

5) 起动系统

起动系统用于起动发动机，如图 2-6 所示。

图 2-6　起动机

二、任务实施

引导问题 3：完成本任务，需要使用的主要工具设备有哪些？如图 2-7 所示，请在下图中填空：

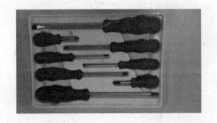

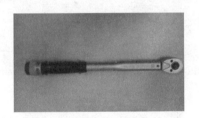

图 2-7　本任务所用工具、设备

引导问题 4：怎样规范拆卸发动机外部附件?

（1）拆下油底壳的放油螺丝，将发动机内的机油放出，如图 2-8 所示。

油底壳放油螺栓安装处

图 2-8　放机油

（2）拆下各分缸高压线，拆下固定分电器的两颗螺栓，取下分电器总成，如图 2-9 所示。

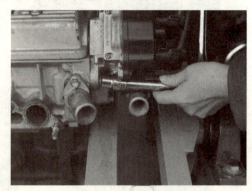

图 2-9　拆卸分电器总成

（3）拆下气门室盖上两条发动机曲轴箱通风管，如图 2-10 所示。

图 2-10　拆卸曲轴箱通风管

（4）将水泵皮带轮的紧固螺栓松开，拆下发电机，取下发电机皮带，取下水泵皮带轮，如图 2-11 所示。

图 2-11　拆卸发电机总成和水泵皮带轮

（5）拆下排气歧管与＿＿＿＿＿相连的螺母，如图 2-12 所示。

图 2-12　排气歧管总成拆卸

（6）拆下发动机的＿＿＿＿＿＿＿及松开水泵进水口，如图 2-13 所示。

图 2-13

（7）拆下出水管总成，如图 2-14 所示。

图 2-14　拆下出水管总成

（8）拆下吊耳和节气门总成，如图 2-15 所示。

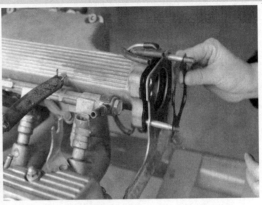

图 2-15　拆下吊耳和节气门总成

（9）拆下＿＿＿＿＿＿＿＿＿＿＿，如图 2-16 所示。

图 2-16　＿＿＿＿＿＿＿＿＿＿＿

（10）取下气缸盖罩上的＿＿＿＿＿＿＿以及螺钉与垫片，取下气缸盖罩，如图 2-17 所示。

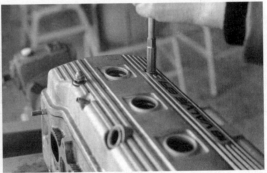

图 2-17　＿＿＿＿＿＿＿＿＿＿

引导问题 5：怎样规范安装发动机外部附件？请同学们填写安装步骤和注意事项。

（1）安装＿＿＿＿＿＿＿＿＿＿＿＿＿＿＿＿＿＿＿＿＿＿＿＿＿＿＿＿。

（2）安装节气门体。注意＿＿＿＿＿＿＿＿＿＿＿＿＿＿＿＿＿＿＿＿＿。

（3）安装发动机吊耳。

（4）安装分电器总成。注意：_____。

（5）安装水管总成。

（6）安装_____总成，连接两条曲轴箱通风管；

（7）连接气缸盖与水泵的_____，安装并固定机油尺和拧紧水泵进水口螺栓；

（8）连接排气管支撑与_____的连接螺栓，安装排气歧管_____。

（9）安装水泵皮带轮，注意：_____。

（10）安装发电机，调整皮带的松紧度之后进行固定，再上紧_____的皮带轮。

（11）加注机油，检查调整油面高度，如图 2-18 所示。

图 2-18　加注机油

注意：油面的高度应在机油尺_____之间。

三、评价与反馈

1. 任务实施考核成绩评定（见表 2-1）

表 2-1　发动机附件拆装考核表

考核项目及分值	考核内容	评分标准	评分记录
准备工作 5分	清洁工量具及其工作台	1. 未清洁工量具扣 5 分 2. 未清洁工作台扣 5 分	
发动机附件拆卸 35分	气缸盖罩拆卸； 水泵皮带轮拆卸； 发电机拆卸； 水管总成拆卸； 分电器总成拆卸； 进气歧管拆卸； 排气歧管拆卸； 节气门总成拆卸	1. 未正确安装操作一次扣 5 分 2. 拆卸顺序错误扣 5~10 分	

续表2-1

考核项目及分值	考核内容	评分标准	评分记录
发动机附件安装 35分	气缸盖罩安装； 水泵皮带轮安装； 发电机安装； 水管总成安装； 分电器总成安装； 进气歧管安装； 排气歧管安装； 节气门总成安装	1. 未正确按照操作一次扣5分 2. 安装顺序错误扣5~10分	
收尾工作 5分	清洁工具、量具、工作台； 工、量具应摆放整齐	1. 未清洁扣1~5分 2. 未摆放整齐扣5分	
安全文明 10分	无不文明操作	1. 安全隐患扣10分 2. 不文明操作扣10分	
考核时限 10分	完成全部考核内容规定用时为45 min	1. 超时1 min扣5分 2. 超时5 min即停止记分	

2. 任务过程评价与反馈（见表2-2和表2-3）

表2-2　任务过程评价表（教师填写）

考核项目	评分标准	分数	成绩	过程评价
劳动纪律	有无迟到、早退和旷工	5		
团队合作	是否和谐	5		
活动参与	是否精彩	5		
安全生产	有无安全隐患	10		
操作过程	是否正确、熟练	30		
任务质量	是否圆满完成	10		
工具、设备使用	是否规范、标准	10		
工作页填写	是否完整、规范	15		
现场6S	是否做到	10		
总　分		100		

注：没有按照操作流程操作，出现人身伤害或设备严重事故，本任务考核结果为0分。

表2-3　任务过程反馈表（学生填写）

反馈内容	回答
你是否完成本学习任务，并得到老师的确认？	
你是否能准确有效地收集、分析和组织完成资料，正确地交流信息？	
你是否已经掌握预期的知识和必备的技能？	
你是否充分使用学习资源和按计划有组织地完成任务？	
操作完成水平： 　上述表格中的项目应为肯定回答。若不是，应咨询老师。你可以要求附加相关活动，以便完成相关的操作技能。 　教师签字：＿＿＿＿＿＿＿＿＿＿＿＿＿＿＿＿＿＿＿＿ 　学生签字：＿＿＿＿＿＿＿＿＿＿＿＿＿＿＿＿＿＿＿＿ 　完成日期：＿＿＿＿＿＿＿＿＿＿＿＿＿＿＿＿＿＿＿＿	

四、学习拓展

（1）根据所学知识并查阅资料，说明四冲程发动机工作原理。柴油发动机和汽油发动机工作过程有何不同？

（2）查阅资料，说明随车拆卸发动机外附件和在发动机翻转实验台上有何不同。需要做哪些前期工作？

学习任务三　配气机构的拆装

任务描述：

某车发动机动力性能下降，怀疑配气机构组件出现磨损松旷、异常损伤等状况，请规范拆卸配气机构，随后检查。

学习目标：

通过本学习任务的学习，应当能：
（1）正确描述配气机构的分类、工作过程。
（2）正确描述配气机构的组成、主要零部件的构造和装配连接关系。
（3）正确描述配气机构的拆卸和装配要求

建议学时：4 课时

学习内容：

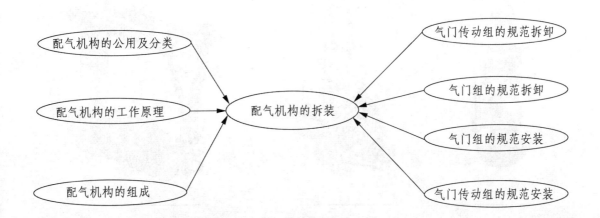

一、任务准备

引导问题 1：配气机构有什么作用？

配气机构是按照发动机各缸做功顺序和工作循环的要求，定时地开启和关闭进、排气门，使新鲜混合气得以进入气缸，废气排出气缸。

引导问题 2：配气机构有哪些分类？

（1）按气门的位置分为气门顶置式和气门侧置式。由于气门顶置式进气阻力小，燃烧室结构紧凑，被现代发动机广泛采用。而气门侧置式则逐渐被淘汰。

（2）按气门数目不同分为双气门和多气门。双气门结构中气门个数为一进一排。多气门有三气门、四气门、五气门。现代发动机中双气门及四气门布置居多，如图 3-1 所示。

图 3-1　双气门和四气门

（3）按凸轮轴位置可以分为凸轮轴上置、中置、下置式。如图 3-2 所示，请填空。

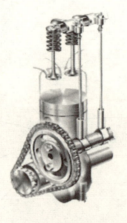
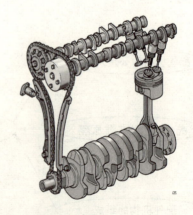

_____　　　_____　　　_____

图 3-2　按凸轮轴位置分类

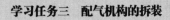

（4）按凸轮轴传动方式分＿＿＿＿＿＿＿＿＿、＿＿＿＿＿＿＿＿＿及＿＿＿＿＿＿＿。如图 3-3 所示。

＿＿＿＿＿＿＿　　　　　＿＿＿＿＿＿＿　　　　　＿＿＿＿＿＿＿

图 3-3　按凸轮轴传动方式分类

引导问题 3：配气机构的工作原理是什么？

如图 3-4 所示，发动机工作时，正时齿轮带动凸轮轴旋转，当发动机需要进行换气冲程时，凸轮凸起部分通过挺柱、推杆推动摇臂摆转，使得摇臂的另一端向下推开气门，并压缩气门弹簧。凸轮凸起部分的顶点转过挺柱后，凸轮对挺柱的推力减小，气门在弹簧张力下逐渐关闭，凸轮凸起部分离开挺柱时，气门完全关闭，换气冲程结束，压缩和做功冲程开始。气门在弹簧张力作用下严密关闭，使气缸密闭。

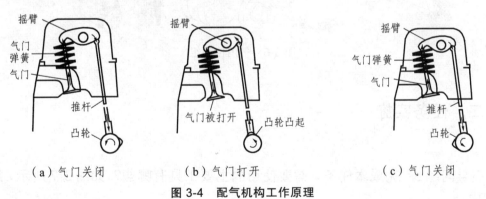

（a）气门关闭　　　　　（b）气门打开　　　　　（c）气门关闭

图 3-4　配气机构工作原理

引导问题 4：配气机构包括哪些组成部分？

（1）气门组在配气机构中相当于一个阀门，作用是准时接通和切断进排气系统与气缸之间的通道。气门组一般由＿＿＿＿＿＿＿＿＿＿＿＿＿＿＿＿＿＿＿＿＿＿＿＿＿＿＿＿＿＿＿＿等组成。如图 3-5 所示。

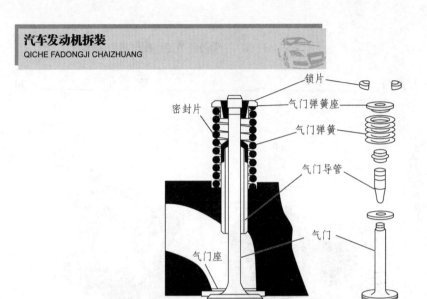

图 3-5　气门组

（2）气门传动组的作用是使气门按发动机规定的时刻及时开、闭，并保证规定的开启时间和开启高度。由于配气机构的布置形式多样，气门传动组的差别也很大。如图 3-6 所示。

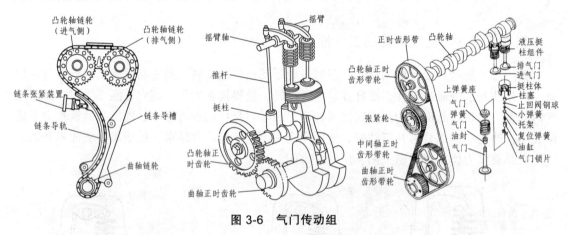

图 3-6　气门传动组

二、任务实施

引导问题 5：完成本任务，需要使用的主要工具有哪些？如图 3-7 所示，请在下图中：

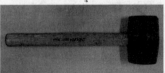

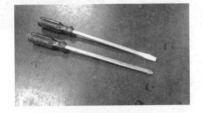

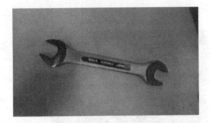

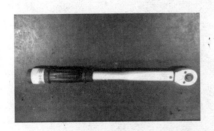

图 3-7　本任务所需的设备和工具

引导问题 6：怎样规范拆卸正时皮带？

（1）拆下 1 号和 2 号正时皮带罩，如图 3-8 所示。

图 3-8　拆卸 1、2 号正时皮带罩

（2）将 1 号气缸设定在上止点压缩位置。转动曲轴皮带轮，将皮带轮槽口对准 1 号正时皮带罩上的正时标记"0"。如图 3-9 所示。

图 3-9　正时标记一

（3）检查曲轴正时皮带轮的标记与轴承盖的正时标记对准。否则，转动曲轴一周（360°）。如图 3-10 所示。

图 3-10　正时标记二

（4）拆下曲轴皮带轮。拆下皮带轮螺栓、_____。如图 3-11 所示。

图 3-11　拆下曲轴皮带轮

（5）拆下 3 号正时皮带罩和_____。如图 3-12 所示。

图 3-12　拆下皮带罩和_____

（6）做正时皮带的标记和发动机的旋转方向。如图 3-13 所示。

图 3-13　正时皮带标记

（7）旋松张紧轮安装螺栓。取下张紧轮和张紧＿＿＿＿＿＿＿。如图 3-14 所示。

图 3-14　取下张紧轮和张紧＿＿＿＿＿＿＿

（8）拆下正时皮带，若不更换则小心放置。如图 3-15 所示。

图 3-15　皮带的放置

（9）拆下横置发动机安装支架。拆下 3 个螺栓和发动机右侧安装支架。如图 3-16 所示。

图 3-16　拆下横置发动机安装支架

（10）拆下曲轴正时皮带轮。如果不能用手拆下皮带轮，使用 2 个起子。注意：按图示垫上抹布防止损坏。如图 3-17 所示。

图 3-17　拆下曲轴正时皮带轮

引导问题 7：怎样规范拆卸进排气凸轮轴？

（1）拆下凸轮轴正时皮带轮。用扳手夹持凸轮轴的六角头部分，并松开皮带轮螺栓。取下凸轮轴正时皮带轮。如图 3-18 所示。

图 3-18　拆下凸轮轴正时皮带轮

（2）转动凸轮轴的六角部分将副齿轮小孔转上来（它定位主齿轮和副齿轮），上述状态允许进气凸轮轴的1、3号气缸凸轮的桃心同时顶到各自挺杆。如图3-19所示。

图 3-19　维修孔

（3）拆下两个螺栓和进气凸轮轴轴承盖。如图3-20所示。

图 3-20　拆下进气凸轮轴 1 号轴承盖

（4）使用维修螺栓固定主、副齿轮。如图3-21所示。

图 3-21　安装维修螺栓

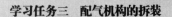

（5）按标出的顺序分几次均匀地拧松 8 个轴承盖螺栓。拆下 4 个轴承盖和进气凸轮轴。如图 3-22 和 3-23 所示。

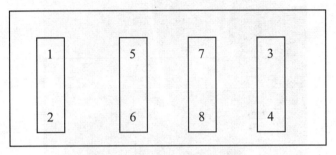

图 3-22　轴承盖螺栓拆卸顺序

图 3-23　取下进气凸轮轴

（6）拆下凸轮轴定位油封。转动排气凸轮轴的六角部分，使定位销位于排气号凸轮轴垂直中心线偏右的位置（6 点钟方向偏右）。如图 3-24 所示。

图 3-24　转动排气凸轮轴

（7）拆下2个螺栓，凸轮轴定位油封和1号轴承盖。如图3-25所示。

图 3-25　拆卸排气凸轮轴1号盖

（8）拆下排气凸轮轴。按拆卸进气凸轮轴同样的顺序分几次均匀地旋松8个轴承盖螺栓。拆下2个螺栓和4号轴承盖以及排气凸轮轴。如图3-26所示。

图 3-26　取下排气凸轮轴

　　小提示：拆下的零部件要摆放整齐。凸轮轴轴承盖上有方向标记和数字标记，带有"I"标记的轴承盖是属于进气凸轮轴的，带有"E"标记的轴承盖是属于排气凸轮轴的。如图3-27所示。

图 3-27　轴承盖上的标记

引导问题 8：怎样规范安装进排气凸轮轴？

（1）安装排气凸轮轴。

注意：必须保持水平装入凸轮轴，否则气缸盖承受轴的推力可能开裂。放置排气凸轮轴时使定位销定位在凸轮轴的垂直中心线偏右的位置。

（2）将排气凸轮轴 5 个轴承盖装在各自位置上。

注意：箭头方向朝向发动机＿＿＿＿＿＿＿＿＿。

（3）在轴承盖螺栓的螺纹和螺栓头下部涂一薄层机油。按图示顺序分几次均匀拧紧 10 个轴承盖螺栓。扭矩：13 N·m。如图 3-28 所示。

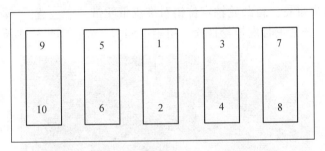

图 3-28　安装轴承盖顺序

（4）安装凸轮轴定位油封。不要将油封装错方向。把油封插到气缸盖的最深处。

（5）转动排气凸轮轴六角部分，使定位销定位在最左方。定位进气凸轮轴，使安装标记对齐。让进气凸轮轴齿轮啮入排气凸轮轴齿轮。沿着两个齿轮的啮合位置向下滚动进气凸轮轴落在轴承轴颈上。如图 3-29 所示。

图 3-29　安装标记

（6）将＿＿＿＿＿＿＿个进气凸轮轴轴承盖安装在各自的位置上。

（7）在轴承盖螺栓的螺纹和螺栓头下部涂一薄层机油。按排气凸轮轴安装顺序分几次均匀拧紧 8 个轴承盖螺栓。扭矩：＿＿＿＿＿＿＿ N·m。

（8）安装 1 号轴承盖，使标记箭头朝前。

注意：如果 1 号轴承盖配合不合适，用一个起子向后撬动凸轮轴齿轮。交替地拧紧 2 个轴承螺栓。扭矩：13 N·m。

（9）顺时针转动排气凸轮轴，使定位销朝＿＿＿＿＿＿＿。

（10）检查凸轮轴齿轮正时标记是否对准。提示：安装标记在上面。如图 3-30 所示。

图 3-30   检查凸轮轴正时标记

（11）安装正时皮带轮。将凸轮轴定位销对准皮带轮带"_____"标记的定位销槽，夹持凸轮轴六角部位，拧紧正时皮带轮螺栓。扭矩：59 N·m。如图 3-31 所示。

图 3-31   安装凸轮轴正时皮带轮

引导问题 9：怎样规范安装正时皮带？

（1）安装正时皮带张紧轮分总成。

用螺栓安装正时皮带张紧轮。注意：先不要拧紧螺栓。安装张紧轮张紧弹簧，推张紧轮尽量靠尽皮带轮并拧紧螺栓。如图 3-32 所示。

图 3-32   安装张紧轮

（2）将 1 号气缸定位在压缩冲程上止点。如图 3-33 所示。

转动凸轮轴的六角部分，将凸轮轴正时皮带轮的"K"标记与轴承盖的正时标记对正。

图 3-33 再次校对凸轮轴正时记号

（3）安装曲轴_____。转动飞轮，使曲轴正时皮带轮对准和机油泵体的正时标记。如图 3-34 所示。

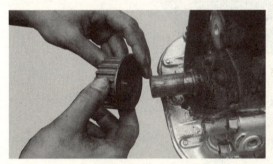

图 3-34 安装曲轴_____

（4）安装正时皮带和_____。检查曲轴和凸轮轴正时皮带轮的张力。如图 3-35 所示。

提示：如果重新使用正时皮带，对准拆下时作的标记，并且将箭头方向指向发动机旋转方向。

图 3-35 安装正时皮带和_____

（5）检查配气正时。松开_____螺栓。从_____位置慢慢转两圈再回到_____位置。注意：只能顺时针转动曲轴。

（6）检查每个皮带轮对准正时标记。

如果没对准正时标记，拆下正时皮带重新安装。紧固正时皮带张紧轮。扭矩：37 N·m。

（7）安装正时皮带导轮。安装导轮，面朝内安装。安装发动机支架。如图3-36所示。

图3-36　安装正时皮带导轮

（8）安装_____号正时皮带罩。

（9）安装曲轴皮带轮，如图3-37所示。

对准皮带轮定位键和皮带轮键槽。扭矩：127 N·m。

图3-37　安装曲轴皮带轮

（10）安装正时皮带轮2号和1号罩。如图3-38所示。

图 3-38　安装正时皮带轮 2 号和 1 号罩

（11）将 1 号气缸定位在压缩冲程上止点。

转动曲轴皮带轮，将它的缺口与正时皮带轮罩的正时标记"＿＿＿＿＿＿"对正。检查凸轮轴正时皮带轮的"＿＿＿＿＿＿＿＿"标记与轴承盖的正时标记对正。如果没对准，转动曲轴＿＿＿＿＿＿圈。

引导问题 10：怎样规范拆装气门组？

在完成气缸盖的拆装后，拆下气门调整垫片，拆下气门挺杆。

（1）拆下进气门。使用气门弹簧拆装钳压缩气门弹簧，拆下两个锁片。如图 3-39 所示。

图 3-39　拆下进气门

按正确的顺序排列进气门、气门弹簧、弹簧座和锁片。

（2）用同样的方法拆下排气门。按正确的顺序排列＿＿＿＿＿＿＿＿＿＿＿＿＿＿＿＿。

（3）使用尖嘴钳拆下气门杆油封。如图 3-40 所示。

图 3-40　拆下气门杆油封

按正确的顺序摆放气门弹簧座平垫圈。

（4）清洁气缸盖分总成。

小心不要刮伤气缸体接触表面。

（5）安装气门杆油封。压入一个新油封。如图 3-41 所示。

图 3-41　气门杆油封

（6）安装进气门、弹簧座、气门弹簧和弹簧锁片。如图 3-42 所示。

使用气门弹簧拆装钳，压缩气门弹簧，并在气门杆周围放入 2 个_____。

图 3-42　安装进气门

（7）用相同的方法安装排气门。

（8）安装气门挺杆。安装气门调整垫片，给调整垫片涂一薄层机油。如图 3-43 所示。

图 3-43　安装气门挺杆

三、评价与反馈

1. 任务实施考核成绩评定（见表 3-1）

表 3-1 配气机构装配与配气正时校正考核表

（满分 100 分，完成时限 30 min）

序号	项目	操作内容	规定分	评分标准
1	准备	工具、用具准备	10	每漏一项扣 2 分
2	拆卸	拆卸配气机构	15	1. 大部分拆卸步骤及顺序错误扣 15 分 2. 拆卸方法不正确扣 10 分 3. 不做标记扣 5 分 4. 拆卸不熟练扣 5 分
3	装配	装配配气机构	20	1. 大部分装配步骤及顺序错误扣 20 分 2. 装配不熟练扣 10 分
4	校正	校正配气正时	15	1. 校正质量符合要求不扣分 2. 校正配气正时错误扣 15 分 3. 每漏装一项扣 10 分 4. 每错装一项扣 10 分 5. 每返工一次扣 5 分
5	回答问题	现场提问	15	1. 答对者不扣分 2. 答错者扣 15 分
6	操作时间	时间 30 min	10	1. 在规定时间内完成不扣分 2. 每超时 1 min 扣 2 分 3. 超出规定时间 5 min，按不及格处理
7	结束工作	考试现场恢复至考前状况	5	1. 结束工作做的较差扣 2 分 2. 结束工作做的差扣 5 分
8	安全操作文明生产	1. 正确选择和使用工具 2. 遵循安全操作规程 3. 操作现场整洁 4. 安全文明操作，无人身、设备、工具的事故	10	1. 违反安全操作规程，按不及格处理 2. 工具选用不当每次扣 2 分 3. 工具使用不当每次扣 2 分 4. 零件或工具落地每次扣 2 分 5. 人为导致机件损坏扣 5 分 6. 损坏两处以上按不及格处理 7. 因操作不当发生重大事故的按 0 分处理

2. 任务过程评价与反馈（见表 3-2 和表 3-3）

表 3-2　任务过程评价表（教师填写）

考核项目	评分标准	分数	成绩	过程评价
劳动纪律	有无迟到、早退和旷工	5		
团队合作	是否和谐	5		
活动参与	是否精彩	5		
安全生产	有无安全隐患	10		
操作过程	是否正确、熟练	30		
任务质量	是否圆满完成	10		
工具、设备使用	是否规范、标准	10		
工作页填写	是否完整、规范	15		
现场 6S	是否做到	10		
总　　分		100		

注：没有按照操作流程操作，出现人身伤害或设备严重事故，本任务考核结果为 0 分。

表 3-3　任务过程反馈表（学生填写）

反馈内容	回答
你是否完成本学习任务，并得到老师的确认？	
你是否能准确有效地收集、分析和组织完成资料，正确地交流信息？	
你是否已经掌握预期的知识和必备的技能？	
你是否充分使用学习资源和按计划有组织地完成任务？	
操作完成水平： 　上述表格中的项目应为肯定回答。若不是，应咨询老师。你可以要求附加相关活动，以便完成相关的操作技能。 教师签字：＿＿＿＿＿＿＿＿＿＿＿＿＿＿＿＿＿＿＿＿＿＿＿ 学生签字：＿＿＿＿＿＿＿＿＿＿＿＿＿＿＿＿＿＿＿＿＿＿＿ 完成日期：＿＿＿＿＿＿＿＿＿＿＿＿＿＿＿＿＿＿＿＿＿＿＿	

四、学习拓展

（1）查阅资料，进一步了解正时皮带拆装时怎样进行双人作业配合。

（2）查阅资料，说明汽车正时链条的拆装方法。

学习任务四　曲柄连杆机构的拆装

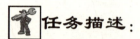

任务描述：

　　一部皮卡车进厂修理，客户反映该车发动机运转中有异响，经维修技师检查，异响部位在发动机的气缸盖，需对气缸盖进行拆卸。

学习目标：

　　通过本学习任务的学习，应当能：

（1）叙述机体组的作用、组成及构造。

（2）叙述活塞连杆组的组成构造。

（3）叙述曲轴飞轮组的组成构造

（4）规范地拆装曲柄连杆机构。

建议学时： 4课时

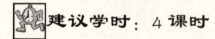

学习内容：

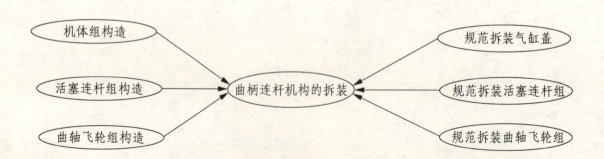

一、任务准备

引导问题 1：机体组是由哪些零部件组成的？

机体组构成发动机的骨架，形成发动机各机构和各系统的装配基体，承受发动机工作的各种载荷。

机体组主要由气缸体、曲轴箱、气缸盖、气缸盖罩、气缸垫、油底壳等组成。如图 4-1 所示。

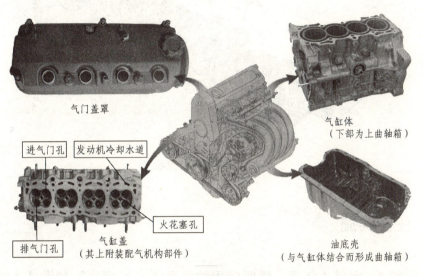

图 4-1　机体组组成

引导问题 2：活塞连杆组是由哪些零部件组成的？

活塞连杆组由活塞、活塞环、活塞销和连杆等主要部件组成。如图 4-2 所示。

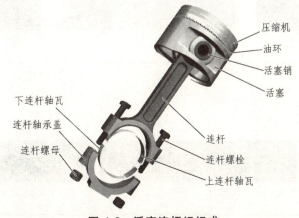

图 4-2　活塞连杆组组成

引导问题 3：曲轴飞轮组是由哪些零部件组成的。

曲轴飞轮组主要由曲轴、飞轮、扭转减振器、正时齿轮或正时链轮和曲轴带轮等组成。如图 4-3 所示。

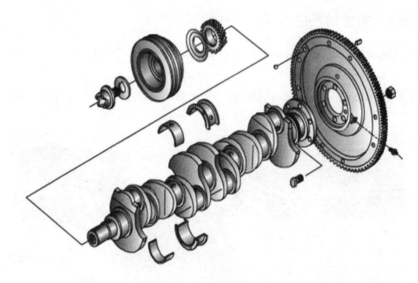

图 4-3　曲轴飞轮组组成

二、任务实施

引导问题 4：完成本任务，需要使用的主要工具有哪些？如图 4-4 所示，请在下图中填空：

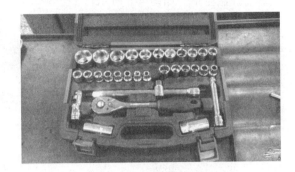

图 4-4 本任务所用工具、设备

引导问题 5：怎样规范拆装气缸盖？

（1）拆卸气缸盖分总成。

按图 4-5 所示顺序，分几步均匀地松开并拆下 10 个气缸盖螺栓和 10 个平垫圈。注意：螺栓拆卸顺序不正确会导致气缸盖翘曲或破裂。使用头部缠有胶带的螺丝刀，撬动气缸盖和气缸体之间的部位，拆下气缸盖。注意：小心不要损坏气缸盖和气缸体的接触面。

图 4-5 拆卸气缸盖分总成

（2）拆下气缸盖衬垫。如图 4-6 所示。

图 4-6　拆下气缸盖衬垫

（3）气缸盖衬垫的安装。

将新衬垫放在气缸体表面上，并使印有批次号的一面朝上。注意：清除接触面的所有机油，确保衬垫按正确的方向安装。如图 4-7 所示。

图 4-7　气缸垫安装记号

（4）安装气缸盖分总成。

① 在螺栓的螺纹和与垫圈相接触的螺栓头下的部位，涂抹一薄层发动机机油。

② 如图 4-8 所示将螺栓和平垫圈安装至气缸盖。注意：不要将垫圈掉到气缸盖里。

③ 按图 4-9 所示顺序，用 10 mm 的双六角扳手，分几步均匀地安装并紧固 10 个气缸盖固定螺栓和平垫圈，拧紧力矩：29 N·m。注意螺栓长短不一，排气凸轮轴方向的气缸盖螺栓要比进气凸轮轴方向的气缸盖螺栓＿＿＿＿＿＿＿＿。

图 4-8　气缸盖螺栓安装顺序

图 4-9　安装气缸盖螺栓

④ 如图 4-10 所示，用油漆在气缸盖螺栓前端做标记。将气缸盖螺栓再次紧固 90°，然后再紧固 90°。

⑤ 检查并确认油漆标记现在与前端成 180°。

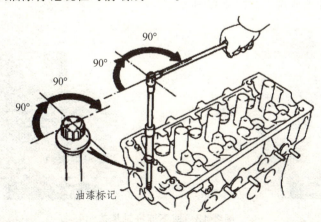

图 4-10　螺栓标记

引导问题6：怎样规范拆装活塞连杆组？

（1）拆下油底壳分总成，拆下19个螺栓和2个螺母。如图4-11所示。

图4-11　拆下油底壳分总成

（2）拆下机油滤清器分总成。拆下2个螺栓、2个螺母、机油滤清器和垫片。如图4-12所示：

图4-12　拆下机油滤清器分总成

（3）转动曲轴，将准备拆卸的连杆对应的活塞转到下止点。拆卸连杆螺母，最少分两次松开螺母并取下连杆轴承盖，如图4-13所示。

图4-13　取下连杆轴承盖

（4）用橡胶锤或手锤木柄推出活塞连杆组（禁止硬敲、硬撬以免损伤气缸）。如图 4-14 所示。

图 4-14 取出活塞连杆

（5）取出活塞连杆组后，将连杆轴承盖螺栓螺母按原位置装回，并注意连杆的装配标记，如图 4-15 所示。

图 4-15 装复活塞连杆组

根据工作时的情况，填写以下信息。

① 活塞是否有安装向前的标记。

② 连杆是否有安装向前的标记。

③ 连杆轴承盖是否有安装向前的标记。＿＿＿＿＿＿＿＿＿＿＿＿＿（见图 4-16）

④ 活塞顶部是否有缸数记号。

向前标记

图 4-16 连杆盖标记

（6）活塞环的拆装。

除油环外，拆装气环时都要使用活塞环钳，如图 4-17 所示。气环上带有"TOP"的一面朝上，第一道环为_____装在第一道环槽里，第二道为_____环，使气环开口与气环开口相对_____度。

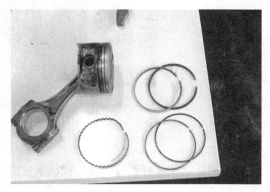

图 4-17　活塞环的拆装

（7）活塞环的安装。

① 活塞环平装入气缸套内，接口处要有一定的开口间隙。

② 活塞环应安装在活塞上，在环槽中，沿高度方向要有一定的边间隙。

③ 镀铬环应安装在第一道，开口不要对着活塞顶部的涡流凹坑方向。

④ 各活塞环开口相互错开 120°，均不准对着活塞销孔。如图 4-18 所示。

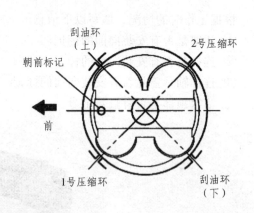

图 4-18　活塞环的安装要求

（8）将第一缸曲柄转到下止点位置，取第一缸的活塞连杆总成，在轴承活塞环气缸壁轴颈处加注少许机油，转动各环使润滑油进入环槽，并检验各环开口是否处于规定方位（见图 4-19）。

图 4-19 安装连杆轴承

（9）用活塞环卡箍收紧活塞环，按活塞顶箭头方向将活塞连杆总成从气缸顶部放入气缸，用手引导连杆使其对准曲轴轴颈，用木槌柄将活塞推入（见图 4-20）。

图 4-20 活塞装缸

（10）使标记朝前装在连杆上，并规定力矩分 3 次交替拧紧连杆螺母，拧紧力矩：29 N·m。用油漆在螺帽和连杆螺栓上做标记，将螺帽拧紧 90°，如图 4-21 所示，检查曲轴转动灵活。

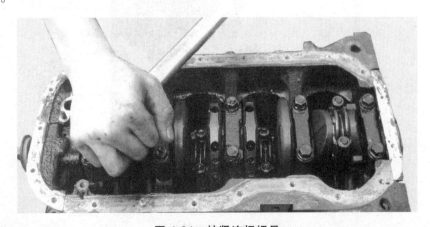

图 4-21 拧紧连杆螺母

依同样的方法，将其余各缸活塞连杆组件装入相应气缸。

请根据工作时的情况，填写以下信息：

① 活塞顶部的标记指向。_____

② 连杆盖上面的标记指向。_____

③ 活塞连杆安装好后曲轴能否灵活转动。_____

引导问题 6：怎样规范拆装曲轴飞轮组？

（1）拆卸曲轴飞轮组。摇转发动机翻转台架，使发动机倒置。如图 4-22 所示。

图 4-22　拆卸曲轴飞轮组

（2）拆卸曲轴前端。拆卸曲轴前端油封。

（3）拆卸曲轴后端。拆下飞轮，拆除曲轴后端其他部件。如图 4-23 所示。

图 4-23　拆卸曲轴后端

（4）拆卸曲轴。

① 检查曲轴主轴承盖上有无顺序标记。如图 4-24 所示。

图 4-24　曲轴轴承盖标记

② 用扭力扳手从两侧向中间分数次拧松曲轴主轴承盖螺栓，取出曲轴主轴承盖和曲轴主轴承。注意，第 3 道主轴承盖两侧装有止推片。

③ 从缸体上抬出曲轴，拆下另一半曲轴主轴承。如图 4-25 所示。

④ 按顺序放好分解后的曲轴飞轮组零件。

图 4-25　拆下曲轴飞轮组

（5）安装曲轴飞轮组。

① 将气缸体进行清洁。

② 将曲轴主轴承按编号装入轴承座中，注意将有油槽的一片轴瓦装到主轴承座孔中，在轴瓦表面涂上少许润滑油。在第三道主轴颈处装上止推片，止推片上有油沟的一面应面向曲柄。如图 4-26 所示。

③ 将曲轴放入气缸体轴承座孔中。

④ 将轴承盖按编号装到气缸体上，保证各主轴承盖上的箭头方向向前。如图 4-27 所示。

⑤ 曲轴主轴承盖螺栓应由中间向两边，交叉对称分几次均匀拧紧，最后紧固力矩为 60 N·m。

图 4-26　安装曲轴主轴瓦

图 4-27　曲轴轴承盖方向记号

⑥ 拧紧各螺栓后，检查曲轴应旋转灵活。如图 4-28 所示。

⑦ 正确安装曲轴前、后油封。如图 4-29 所示。

⑧ 安装飞轮。安装飞轮时应对准定位销，_____

_____拧紧紧固螺栓。

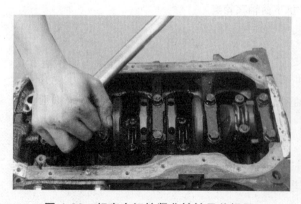

图 4-28　规定力矩拧紧曲轴轴承盖螺母　　　　图 4-29　安装后油封

三、评价与反馈

1. 任务实施考核成绩评定（见表4-1）

表4-1　曲柄连杆机构拆装考核表

考核项目及分值	考 核 内 容	评分标准	评分记录
准备 10	工具、用具准备	每漏一项扣2分	
拆卸 30	拆卸气缸盖；拆卸活塞连杆组；拆卸曲轴飞轮组	1. 拆卸步骤及顺序错误扣10分 2. 拆卸方法不正确扣10分	
装配 30	装配气缸盖；装配活塞连杆组；装配曲轴飞轮组	1. 装配步骤及顺序错误扣10分 2. 装配不熟练扣20分	
操作时间 10	时间10 min	1. 在规定时间内完成不扣分 2. 每超时1 min扣2分	
结束工作 10	考试现场恢复至考前状况	1. 结束工作做的较差扣2分 2. 结束工作做的差扣5分	
安全操作 文明生产 10	1. 正确选择和使用工具； 2. 遵循安全操作规程； 3. 操作现场整洁； 4. 安全文明操作，无人身、设备、工具的事故	1. 零件或工具落地每次扣2分 2. 人为导致机件损坏扣5分 3. 损坏两处以上按不及格处理 4. 因操作不当发生重大事故的按0分处理	

2. 任务过程评价与反馈（见表4-2和表4-3）

表4-2　任务过程评价表（教师填写）

考核项目	评分标准	分数	成绩	过程评价
劳动纪律	有无迟到、早退和旷工	5		
团队合作	是否和谐	5		
活动参与	是否精彩	5		
安全生产	有无安全隐患	10		
操作过程	是否正确、熟练	30		
任务质量	是否圆满完成	10		
工具、设备使用	是否规范、标准	10		
工作页填写	是否完整、规范	15		
现场6S	是否做到	10		
总　分		100		

注：没有按照操作流程操作，出现人身伤害或设备严重事故，本任务考核结果为0分。

表 4-3　任务过程反馈表（学生填写）

反馈内容	回答
你是否完成本学习任务，并得到老师的确认？	
你是否能准确有效地收集、分析和组织完成资料，正确地交流信息？	
你是否已经掌握预期的知识和必备的技能？	
你是否充分使用学习资源和按计划有组织地完成任务？	
操作完成水平： 　上述表格中的项目应为肯定回答。若不是，应咨询老师。你可以要求附加相关活动，以便完成相关的操作技能。 教师签字：＿＿＿＿＿＿＿＿＿＿＿＿＿＿＿＿ 学生签字：＿＿＿＿＿＿＿＿＿＿＿＿＿＿＿＿ 完成日期：＿＿＿＿＿＿＿＿＿＿＿＿＿＿＿＿	

四、学习拓展

（1）结合实际操作，总结活塞连杆组装配过程会出现怎样的问题？

（2）活塞环能否不用专用工具直接用手更换，为什么？

学习任务五　冷却系统的拆装

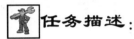**任务描述**：

　　一辆新爱丽舍车的车主反映：该车在行驶过程中，水温表指针处在红色报警区域。需要你对冷却系统进行拆卸，之后进行检测修理。

学习目标：

　　通过本学习任务的学习，应当能：
　　（1）叙述发动机冷却系统的组成、作用和工作原理。
　　（2）明确冷却液的分类、环保及安全措施。
　　（3）调整风扇皮带的松紧度以及更换水泵。

建议学时：4 课时

学习内容：

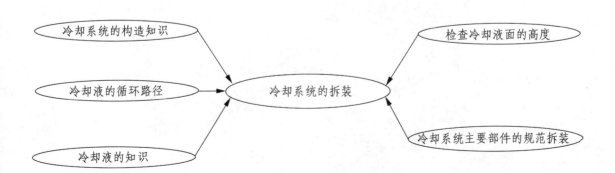

一、任务准备

引导问题1：冷却系统有什么作用？主要是由哪些零部件组成的？

1. 功 用

强制地将发动机运转时零件所吸收到的热量及时散去，使发动机得到适度的冷却，从而保持发动机在最适宜的温度范围内工作。另外，冷却系统还为暖风系统提供热源。

2. 分 类

按照冷却介质不同可以分为水冷却系统和风冷却系统。水冷却系统以冷却液作为冷却介质，风冷却系统以空气作为冷却介质。目前汽车发动机上广泛采用的是水冷却系统。

3. 组 成

水冷却系统是以冷却液作为冷却介质，把发动机受热零件吸收的热量散发到大气中去。它是利用水泵将冷却液在水套和散热器之间进行循环来完成对发动机的冷却，主要由散热器、水泵、节温器、冷却风扇、风扇控制机构、冷却水套、膨胀水箱和温度调节装置等组成。

风冷却系统是利用高速空气流直接吹过气缸盖和气缸体的外表面，把从气缸内部传出的热量散发到大气中去，以保证发动机在最有利的温度范围内工作。如图5-1所示。

虽然风冷系统与水冷系统比较，具有结构简单、质量轻、故障少、无需特殊保养等优点。但是由于材料质量要求高，冷却不够均匀，工作噪声大等缺点，目前很少在汽车上使用。

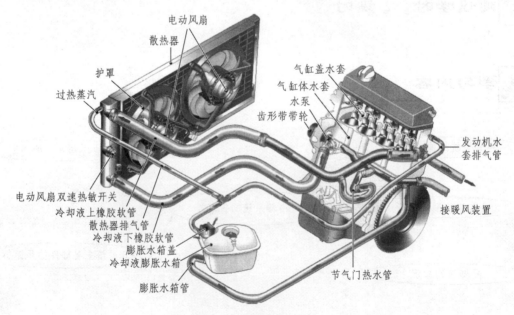

图5-1　冷却系统组成

引导问题2：冷却液的循环路径有哪些？

发动机工作时，水泵将冷却液压入发动机气缸体水套，然后流入气缸盖水套吸收机体的热量。此后冷却液分两路循环。一路为大循环，即冷却液流经散热器冷却后，进入装在机体水泵进口处的节温器，流向水泵进水口；另一路为小循环，冷却液直接进入节温器后的水泵进水口，即冷却液直接进入节温器后的水泵进水口，不经散热器冷却。如图5-2所示。

大循环：散热器→水泵→分水管→水套→节温器→散热器

小循环：水泵→分水管→水套→节温器→水泵

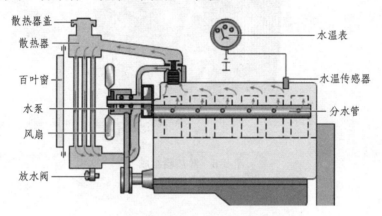

图5-2　冷却系统大小循环

引导问题3：水冷却系统零部件的结构是怎样的？

1. 水　泵

离心式水泵主要由泵壳、叶轮、泵盖、水泵轴、支承轴承、水封等组成，是对冷却水加压，使之在冷却系统中循环流动。如图5-3、5-4所示。

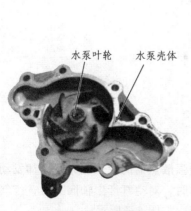

图5-3　水泵组成

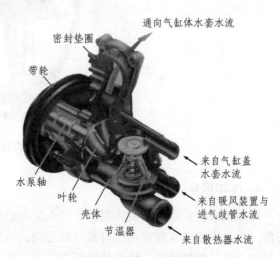

图5-4　水泵工作过程

2. 散热器

如图 5-5 所示，散热器用来增大散热面积，加速水的冷却。为了将散热器传出的热量尽快带走，在散热器后面装有风扇与散热器配合工作。散热器又称为水箱，由上水室、散热器芯和下水室等组成。

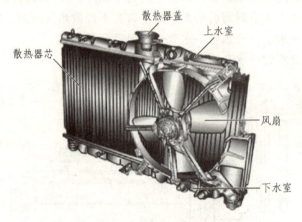

图 5-5　散热器组成

3. 节温器

通常利用节温器来控制通过散热器冷却水的流量。节温器装在冷却水循环的通路中，根据发动机负荷大小和水温的高低自动改变水的循环流动路线，以调节冷却系的冷却强度。多数发动机采用蜡式节温器和膨胀筒式节温器。结构如图 5-6 所示：

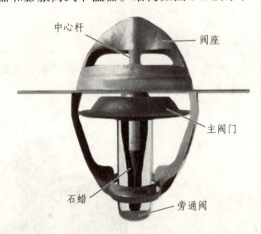

图 5-6　蜡式节温器结构

4. 冷却风扇

冷却风扇能提高流经散热器的空气流速和流量，以增强散热器的散热能力并冷却发动机附件。冷却风扇多装在发动机与散热器之间，当风扇转动时，对空气产生轴向吸力，空气流从前到后通过散热器芯，使散热器芯中的冷却液加速冷却。如图 5-7 所示。

图 5-7　冷却风扇

引导问题 4：冷却液的知识有哪些？

水冷却液是指直接用水作为冷却液，它具有取用简便和经济的优点。但是，水沸点低、易蒸发，需经常添加。水冷却液最好选用软水，即含盐分少的水，如雨水、雪水、自来水等，最好用水与防冻剂配制而成。否则，易在水套内形成水垢，从而降低气缸盖和气缸体的传热性能，使发动机过热。水在严寒冬季易结冰，过夜必须放水，否则会因为结冰时体积膨胀，造成胀裂气缸体、气缸盖的严重事故。防冻液具有防结冰、防腐蚀、防氧化、防结垢的功能，在汽车发动机上被广泛使用。目前最常用的防冻液是由乙二醇、甘油、酒精等配制而成的，水和防冻剂选配的比例不同，防冻液的防冻能力也不同。

二、任务实施

引导问题 5：完成本任务，需要使用的主要工具有哪些？

如图 5-8 所示，请在图下填空。

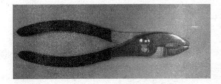  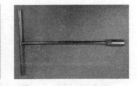

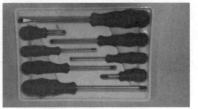

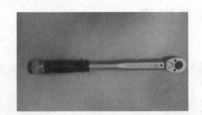

图 5-8　本任务所用工具、设备

引导问题 6：怎样规范进行冷却液检查？

（1）检查冷却液液位，应处于 max 和 min 之间，若冷却液不足，应按 G11 防冻剂的配比规定，结合地区环境温度添加。提示：应注意安全，不允许在发动机温度较高时打开水箱盖。如图 5-9 所示。

图 5-9　冷却液液面检查

（2）如图 5-10 所示，检查风扇皮带松紧程度，松紧应适宜。若皮带过松会造成打滑，使风扇风量减少而引起发动机过热，应张紧或更换皮带。

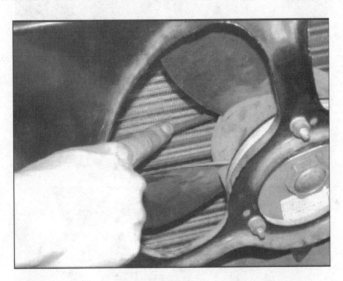

图 5-10　检查冷却风扇皮带

引导问题 7：怎样规范进行水泵的拆卸和更换？

（1）拆下进水管。

① 拆下 2 个螺栓和进水管。如图 5-11、5-12、5-13 所示。

② 断开进水软管。

③ 拆下垫片。

图 5-11　拧松进水管螺栓

图 5-12　取下进水管

图 5-13　取下进水管垫片

④ 从水泵总成上拆下进水软管。如图 5-14 所示。

图 5-14　拆下进水软管

（2）拆下水泵总成。

① 拆下 3 个螺栓和水泵总成。如图 5-15 所示。

② 拆下 O 形圈。

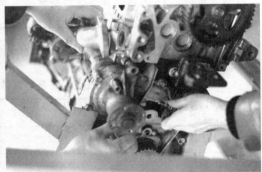

图 5-15　取下水泵总成

（3）安装水泵总成。

① 在气缸体上安装一个新的 O 形圈。

② 用_____个螺栓安装水泵。扭矩：_____N·m。

（4）安装进水软管。

（5）安装进水管。

① 在气缸盖上安装一个新垫片，使标记朝上。

② 连接_____。

③ 用_____个螺母安装进水管。扭矩：_____N·m。

三、评价与反馈

1. 任务实施考核成绩评定（见表 5-1）

表 5-1　冷却系统部件拆装考核表

考核项目及分值	考核内容	评分标准	评分记录
准备工作 10	清洁工量具及其工作台	1. 未清洁工量具扣 5 分 2. 未清洁工作台扣 5 分	
冷却液的检查 15	规范检查冷却液罐的液面	不识标识扣 5～10 分	
水泵的更换 30	1. 拆卸进水软管； 2. 拆卸进水管； 3. 拆卸水泵	每步未正确按照操作检查扣 5～10 分	
冷却风扇皮带检查 15	1. 皮带张紧度； 2. 皮带检查	1. 未张紧扣 5 分 2. 未正确按照操作检查扣 5 分	
收尾工作 10 分	1. 清洁工具、量具、工作台； 2. 工、量具应摆放整齐	1. 未清洁扣 1～5 分 2. 未摆放整齐扣 5 分	
安全文明 10 分	无不文明操作	1. 安全隐患扣 10 分 2. 不文明操作扣 10 分	
考核时限 10 分	完成全部考核内容规定用时为 20 min	1. 超时 1 min 扣 5 分 2. 超时 5 min 即停止记分	

2. 任务过程评价与反馈（见表 5-2 和表 5-3）

表 5-2　任务过程评价表（教师填写）

考核项目	评分标准	分数	成绩	过程评价
劳动纪律	有无迟到、早退和旷工	5		
团队合作	是否和谐	5		
活动参与	是否精彩	5		
安全生产	有无安全隐患	10		
操作过程	是否正确、熟练	30		
任务质量	是否圆满完成	10		
工具、设备使用	是否规范、标准	10		
工作页填写	是否完整、规范	15		
现场 6S	是否做到	10		
总　分		100		

注：没有按照操作流程操作，出现人身伤害或设备严重事故，本任务考核结果为 0 分。

表 5-3　任务过程反馈表（学生填写）

反馈内容	回答
你是否完成本学习任务，并得到老师的确认？	
你是否能准确有效地收集、分析和组织完成资料，正确地交流信息？	
你是否已经掌握预期的知识和必备的技能？	
你是否充分使用学习资源和按计划有组织地完成任务？	
操作完成水平： 　上述表格中的项目应为肯定回答。若不是，应咨询老师。你可以要求附加相关活动，以便完成相关的操作技能。 教师签字：_____ 学生签字：_____ 完成日期：_____	

四、学习拓展

（1）查阅资料，了解随车更换冷却液和加注冷却液时怎样进行双人作业配合。

（2）查阅资料，总结常见的冷却系统故障。

学习任务六　润滑系统的拆装

 任务描述：

一新轿车的车主反映其发动机正常温度和转速时，机油压力警告灯点亮，需要你对润滑系统进行拆卸，之后检测修理。

学习目标：

通过本学习任务的学习，应当能：
（1）叙述发动机润滑系统的组成、作用和工作原理。
（2）明确机油的分类、选用及环保、安全措施。
（3）规范地检查机油液面高度和添加机油。
（4）安全地拆卸和更换润滑系统零部件。

建议学时：4 课时

 学习内容：

一、任务准备

引导问题 1：润滑系统的作用和组成是什么？

润滑系统是在发动机工作时连续不断地将一定数量、压力足够的润滑油输送到各传动件的摩擦表面，从而减小摩擦阻力、降低功率消耗，以提高发动机工作的可靠性和耐久性。润滑系统由机油泵、机油盘、润滑油管、润滑油道、机油滤清器、机油散热器、各种阀、传感器和机油压力表等组成。如图 6-1 所示。

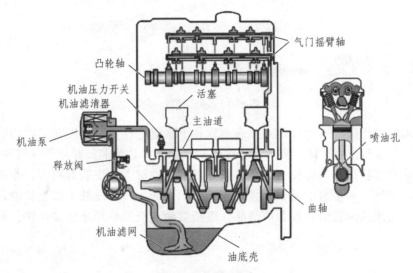

图 6-1　润滑系统组成

引导问题 2：机油的有关知识有哪些？

机油除了最基本的润滑作用外，还具有冷却、清洗、密封和防锈等功能。机油的分类，国际上广泛采用 SAE（美国工程师学会）黏度分类法和 API（美国石油学会）使用性能分类法。

SAE 按照不同的黏度等级，将机油分为冬季用机油和非冬季用机油两类。冬季用机油有 6 种牌号：SAE0W、SAE5W、SAE10W、SAE15W、SAE20W 和 SAE25W；非冬季用机油有 4 种牌号：SAE20、SAE30、SAE40 和 SAE50。

如果使用上述牌号的单级机油，需要根据季节和气温的变化经常更换机油。目前普遍使用多级机油，例如丰田卡罗拉常用 SAE10W-30 机油，在低温下使用时黏度与 SAE10W 一样，在高温下使用时黏度又与 SAE30 相同，因此可以冬夏通用。根据气温选择适当黏度的机油。

API 根据机油的性能及其适合使用的场合，将机油分为 S 系列和 C 系列两类。S 系列为汽油机油，目前有 SA ~ SJ、SL 共 10 个级别；C 系列为柴油机油，目前有 CA ~ CD、CD-Ⅱ、CE、CF-4、CF、CF-Ⅱ和 CG-4 共 10 个级别。目前常用 API 等级机油。如图 6-2、6-3 所示分别为 API 和 SAE 等级机油。

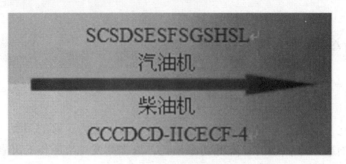

图 6-2 API 等级

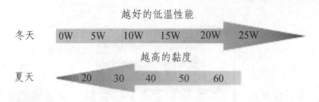

图 6-3 SAE 等级

机油对水形成污染，不允许排入地表水域和下水道，作业时只能在防渗的地表上。机油是易燃品，存放和作业必须远离火源。废弃的机油要单独盛装，并妥善保管和回收利用。沾上机油的抹布或物品，不得作为生活垃圾处理。机油对人体皮肤有损害，作业时应戴上防护手套和防护服。沾上机油的衣服或鞋子，必须立即更换。皮肤上撒上机油，立即用水和肥皂清洗，勿用汽油或溶剂作为清洁品。眼睛接触到机油要用水认真冲洗，然后尽快去医院治疗。

引导问题 3：润滑系统零部件有哪些？

1. 机油滤清器

机油滤清器的作用是过滤使用机油集滤器不能排除的金属粉尘和细小颗粒，由壳体、滤芯、溢流阀、单向阀组成。外壳通常都为金属材料，滤芯是用微孔滤纸制成的。滤清器内部有一单向阀，发动机停机时使油保持在滤清器中，这样发动机起动时滤清器都有油。溢流阀保证了在滤清器堵塞的情况下也能将油输送到发动机。如图 6-4、6-5 所示。

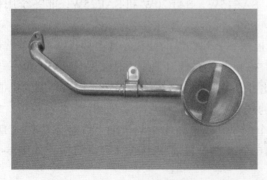

图 6-4 机油滤清器之集滤器

图 6-5 机油滤清器芯

2. 机油泵

机油泵把一定量的机油压力升高，强制性地将机油压送到发动机各摩擦表面上去。机油泵有转子式和齿轮式两种。如图6-6所示为转子机油泵。

图 6-6　转子机油泵

引导问题 4：曲轴箱强制通风系统是怎样工作的？

发动机工作时，高压的可燃混合气或废气会窜入曲轴箱内，使机油中形成泡沫，破坏机油的供给，也可能导致机油变质、泄漏等不良后果。曲轴箱强制通风就是利用发动机进气管道的真空度作用，使窜入曲轴箱内气体被吸入气缸。发动机工作时，在进气管内真空度作用下，窜入曲轴箱内的气体经钢丝网、曲轴箱通气软管和PCV阀（单向阀）被吸入到进气歧管并进入气缸燃烧。新鲜空气经滤网和空气软管进入到曲轴箱内，形成不断的对流。在曲轴箱通气软管上装有 PCV 阀是为了防止在发动机低速小负荷时进气管的真空度太大而将机油从曲轴箱内吸出。

如图 6-7 所示为曲轴箱通风系统。

到进气管

图 6-7　曲轴箱通风系统

二、任务实施

引导问题 5：完成本任务，需要使用的主要工具有哪些？

如图 6-8 所示，请在图下填空。

 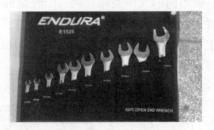

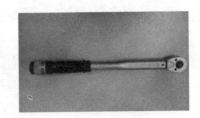

图 6-8　本任务所用工具、设备

引导问题 6：怎样规范地拆装润滑系统的相关零部件？

（1）拆卸和更换机油泵。

① 从机油泵拆下_____个螺栓。如图 6-9 所示。

图 6-9　从机油泵拆下_____个螺栓

② 用一个塑料锤子轻轻敲击机油泵体，拆下机油泵。如图 6-10 所示。

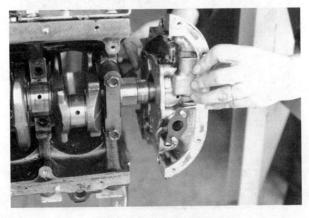

图 6-10　拆下机油泵

③ 拆下垫片。

④ 拆下机油泵油封。使用起子和锤子，敲出机油泵油封。如图6-11所示。

图 6-11　拆下机油泵油封

⑤ 在机油泵螺栓上涂上快干胶，在新的机油泵衬垫上涂上硫化密封剂。

⑥ 将衬垫安装到机油泵上，再用螺栓将机油泵固定在气缸体上，按规定力矩拧紧螺栓。

⑦ 在新的曲轴油封上涂上润滑脂，然后安装到油泵壳内，如图6-12所示。

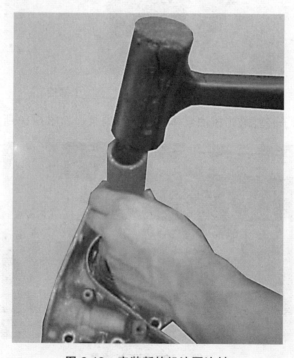

图 6-12　安装新的机油泵油封

⑧ 将机油泵装回到_____，如图 6-13 所示。

图 6-13　安装机油泵

（2）拆装发动机机油压力开关。

① 拆下发动机机油压力开关，如图 6-14 所示。

图 6-14　拆下发动机机油压力开关

② 重新安装机油压力开关。在机油压力开关的第 2 道或第 3 道螺纹上涂胶黏剂，安装机油压力开关，拧紧力矩：15 N·m。

（3）拆装机油滤清器。

① 用专用的机油滤清器拆装工具拆下机油滤清器，如图 6-15 所示。

图 6-15　拆卸机油滤清器

②　安装机油滤清器。在新的机油滤清器胶圈上涂新的机油。轻轻地旋入机油滤清器，直到胶圈接触到机油滤清器座。用专用工具再拧_____圈。

（4）加注并检查机油液面高度。

拔出机油尺，擦净后再插进油底壳机油面，机油尺上的最大与最小标记间的油量为合适值。夏季若长时间在高速公路上运行，机油油面应保持在_____标记处。若发现机油量不足，应及时加注。如图 6-16 所示。

图 6-16　加注并检查机油液面高度

（5）更换机油。

将机油回收器放于油底壳放油螺塞的正下方，用梅花扳手拧松放油螺塞，用手缓缓旋出放油螺塞，让废机油流出，如图 6-17 所示，放出废机油。

图 6-17 更换机油

三、评价与反馈

1. 任务实施考核成绩评定（见表 6-1）

表 6-1 润滑系统拆装考核表

考核项目及分值	考核内容	评分标准	评分记录
准备 10 分	工具、用具准备	每漏一项扣 2 分	
拆卸 30 分	拆卸机油泵； 拆卸机油压力开关； 拆卸机油滤清器	1. 拆卸步骤及顺序错误扣 10 分 2. 拆卸方法不正确扣 10 分 3. 不做标记扣 5 分 4. 拆卸不熟练扣 5 分	
装配 30 分	安装机油泵； 安装机油压力开关； 安装机油滤清器； 更换机油； 机油油位检查	1. 装配和检查步骤及顺序错误扣 10 分 2. 装配检查不熟练扣 20 分	
操作时间 10 分	时间 30 min	1. 在规定时间内完成不扣分 2. 每超时 1 min 扣 2 分	
结束工作 10 分	现场恢复至考前状况	1. 结束工作做的较差扣 10 分 2. 结束工作做的差扣 10 分	
安全操作 文明生产 10	正确选择和使用工具； 遵循安全操作规程； 操作现场整洁； 安全文明操作，无人身、设备、工具的事故	1. 零件或工具落地每次扣 2 分 2. 人为导致机件损坏扣 5 分 3. 损坏两处以上按不及格处理 4. 因操作不当发生重大事故的按 0 分处理	

2. 任务过程评价与反馈（见表 6-2 和表 6-3）

表 6-2　任务过程评价表（教师填写）

考核项目	评分标准	分数	成绩	过程评价
劳动纪律	有无迟到、早退和旷工	5		
团队合作	是否和谐	5		
活动参与	是否精彩	5		
安全生产	有无安全隐患	10		
操作过程	是否正确、熟练	30		
任务质量	是否圆满完成	10		
工具、设备使用	是否规范、标准	10		
工作页填写	是否完整、规范	15		
现场 6S	是否做到	10		
总　　分		100		

注：没有按照操作流程操作，出现人身伤害或设备严重事故，本任务考核结果为 0 分。

表 6-3　任务过程反馈表（学生填写）

反馈内容	回答
你是否完成本学习任务，并得到老师的确认？	
你是否能准确有效地收集、分析和组织完成资料，正确地交流信息？	
你是否已经掌握预期的知识和必备的技能？	
你是否充分使用学习资源和按计划有组织地完成任务？	
操作完成水平： 　上述表格中的项目应为肯定回答。若不是，应咨询老师。你可以要求附加相关活动，以便完成相关的操作技能。 教师签字：_____ 学生签字：_____ 完成日期：_____	

四、学习拓展

（1）查阅资料，进一步了解更换机油滤清器时怎样进行双人作业配合。

（2）查阅资料，说明卡罗拉汽车机油泵的拆装方法。

学习任务七　汽油机燃油供给系统的拆装

任务描述：

　　一部一汽丰田威驰轿车进厂修理，客户反映该车发动机运转不稳，经维修技师检查，发现该发动机怠速不稳，急加速时进气管有回火现象，且加速迟缓。因此判断故障可能是在燃油系，需对燃油系进行拆卸，之后检测维修。

学习目标：

　　通过本学习任务的学习，应当能：
　　（1）叙述汽油喷射式供给系统的作用、组成及工作原理。
　　（2）知道不同工况下对混合气浓度的要求。
　　（3）正确地使用工具和设备，安全、规范地拆卸汽油机燃油供给系统。

建议学时：4 课时

学习内容：

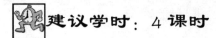

一、任务准备

引导问题 1：发动机在各种工况下对混合气浓度的要求。

可燃混合气中燃料含量的多少称为可燃混合气浓度，可燃混合气浓度有两种表示方法。

1. 空燃比 R（A/F）

空燃比是混合气中空气的质量与燃料的质量之比。$R = 14.7$ 时的混合气为标准混合气。

2. 过量空气系数（α）

过量空气系数是燃烧 1 kg 燃料实际供给的空气质量与理论上完全燃烧所需要的空气质量之比。$\alpha = 1$ 时的混合气为标准混合气。

3. 发动机在不同工况下对可燃混合气浓度的要求

发动机的工况有很多种，一般将发动机工况分为起动、怠速、小负荷、中负荷、大负荷和全负荷及加速等几种工况，发动机各种工况对可燃混合气成分的要求如表 7-1 所示。

表 7-1　发动机不同工况下对可燃混合气成分的要求

工况	起动	怠速	小负荷	中负荷	大负荷和全负荷	加速
空燃比	3～9	9～12	10～13	13～16	13～14	8
性质	极浓	过浓	稍浓	经济	浓	过浓

引导问题 2：如何选用合适的汽油？

我国车用汽油分类主要以辛烷值为基础，测定辛烷值的方法有马达法和研究法。目前我国用研究法辛烷值（RON）表示汽油的牌号，如 90 号、93 号和 97 号。压缩比高的发动机选用辛烷值高的汽油，反之，可选用辛烷值低的汽油。汽油牌号越高，其抗爆性越好，但价格也越贵。例如丰田 5A-FE 发动机建议用 90 号以上的汽油。

汽油是对水有污染的物质，不能让汽油流入下水道，作业时只能在防渗的地面上进行。

汽油非常易燃，会引起火灾和爆炸，进行接触汽油的工作时，必须禁止明火和吸烟，汽油存放必须远离火源。有汽油溢出时，必须立即用吸附剂进行处理。用合适的容器收集污染过的燃油、燃油滤清器，并妥善保管和回收利用。沾上汽油的抹布或物品，不得作为生活垃圾处理。汽油会刺激人的皮肤，可以致癌。应避免使汽油接触到皮肤、眼睛或衣服。沾上汽油的衣服或鞋子，必须立即更换。皮肤接触到汽油后，立即用水和肥皂清洗。汽油溅入眼睛后，用水彻底冲洗。汽油蒸气吸入体内后，应多呼吸新鲜空气，出现呼吸困难时应尽快去医院治疗。吞食汽油后，千万不要催吐，因为液态汽油可能会进入肺部，应立即去医院治疗。

引导问题 3：燃油供给系统的组成？

燃油供给系统主要是由燃油箱、燃油泵、燃油滤清器、油压脉动阻尼器、油压调节器和喷油器等组成，如图 7-1 所示。

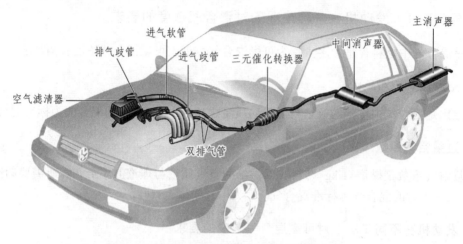

图 7-1　汽油机燃料供给系统

1. 空气供给系统

主要由空气滤清器、空气流量计或进气管绝对压力传感器、节气门、进气总管、进气歧管和辅助空气阀等组成，如图 7-2 所示。

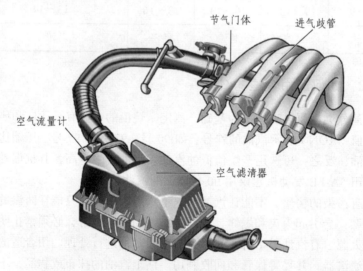

图 7-2　空气供给系统

2. 燃油供给系统

燃油供给系统主要由燃油泵、燃油滤清器、油压脉动阻尼器、燃油压力调节器和喷油器等组成，如图 7-3、7-4、7-5、7-6、7-7 所示。

图 7-3　燃油系统

图 7-4　汽油滤清器

图 7-5　汽油泵

图 7-6　油压调节器

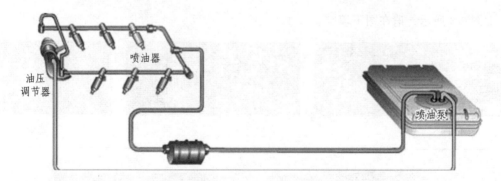

图 7-7　燃油供给系统

3. 电子控制系统

检测发动机的工作状况，精确控制燃油喷射量、喷油正时和点火时刻。主要由各种传感器、各种执行器和电子控制单元（ECU）组成，如图 7-8 所示。

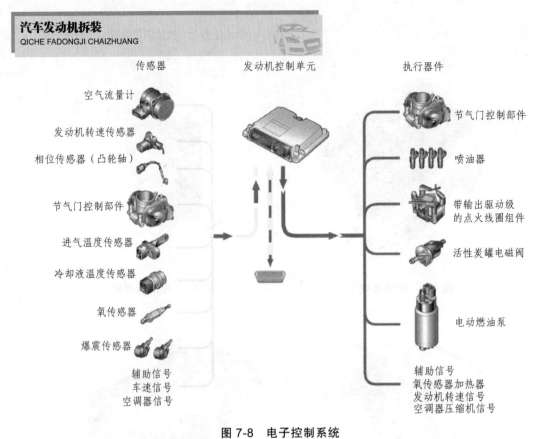

图 7-8　电子控制系统

二、任务实施

引导问题 4：完成本任务，需要使用的主要工具有哪些？

如图 7-9 所示，请在图下填空。

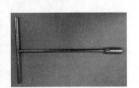

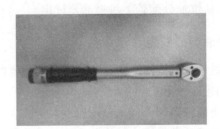

图 7-9

引导问题 5：汽油机燃料供给系统零部件具体拆装步骤是什么？

1. 喷油器的拆卸

（1）拔下汽油分配管上喷油器的插头及怠速调节器的插头。

（2）卸下进气软管和节气门接管连接，如图 7-10 所示。

图 7-10　汽油分配管

（3）拔下汽油分配管上的回油管。

（4）由于进油管内有汽油压力，为了防止汽油喷溅，要用抹布盖上进油管。

（5）拔下油压调节器的真空管。

（6）拧下怠速调节器连接体与进气歧管连接的内六角螺钉，将怠速调节器和连接体一同卸下。

（7）拧下汽油分配管上喷油器支架的固定螺钉。

（8）拧下汽油分配管内六角固定螺钉。

（9）将汽油分配管连同喷油器一起从气缸体拔下。

（10）拆下喷油器与汽油分配管的连接卡簧。

（11）从汽油分配管上将喷油器拔出。

2. 喷油器的安装

（1）损坏的密封圈或密封垫，以及喷油器的 O 形圈应当更换。为了便于装配，请在喷油器的 O 形圈上涂上润滑油。

（2）将喷油器装入汽油分配管并装上卡簧。

（3）将喷油器插座支架安装在汽油分配管上，如图 7-11 所示。

图 7-11　喷油器插座支架安装在汽油分配管上

（4）将喷油器小心按入气缸体上的喷射口内，并将汽油分配管安装在进气管上，以10 N·m的力矩将固定螺钉拧紧。

（5）将油压调节器上的真空管插好，如图7-12所示。

图 7-12　油压调节器上的真空管

（6）装上进气软管和回油管，并将固定螺母拧紧。

（7）装上怠速调节器和连接体，并以10 N·m的力矩将固定螺钉拧紧。

（8）接上喷油器的插头和怠速调节器的插头。

3. 汽油滤清器的拆装

（1）松开车辆底部汽油滤清器托架紧固螺栓，取下汽油滤清器托架，如图7-13所示。

图 7-13　台架上的油箱总成

（2）松开夹箍，拔下汽油滤清器的油管，使用一块抹布防止剩余的汽油滴落。

（3）取下汽油滤清器。安装上新的汽油滤清器时应注意汽油滤清器上箭头应该指向汽油的流向，如图 7-14 所示。

图 7-14　汽油滤清器

三、评价与反馈

1. 任务实施考核成绩评定（见表 7-2）

表 7-2　汽油机燃料供给系统拆装考核表

考核项目及分值	考核内容	评分标准	评分记录
准备 10	工具、用具准备	每漏一项扣 2 分	
拆卸 30	拆卸汽油泵； 拆卸汽油滤清器； 拆卸喷油器	1. 拆卸步骤及顺序错误扣 10 分 2. 拆卸方法不正确扣 10 分	
装配 30	安装汽油泵； 安装汽油滤清器； 安装喷油器	1. 装配步骤及顺序错误扣 10 分 2. 装配不熟练扣 20 分	
操作时间 10	时间 10 min	1. 在规定时间内完成不扣分 2. 每超时 1 min 扣 2 分	
结束工作 10	考试现场恢复至考前状况	1. 结束工作做的较差扣 2 分 2. 结束工作做的差扣 5 分	
安全操作 文明生产 10	正确选择和使用工具； 遵循安全操作规程； 操作现场整洁； 安全文明操作，无人身、设备、工具的事故	1. 零件或工具落地每次扣 2 分 2. 人为导致机件损坏扣 5 分 3. 损坏两处以上按不及格处理 4. 因操作不当发生重大事故的按 0 分处理	

2. 任务过程评价与反馈（见表 7-3 和表 7-4）

表 7-3　任务过程评价表（教师填写）

考核项目	评分标准	分数	成绩	过程评价
劳动纪律	有无迟到、早退和旷工	5		
团队合作	是否和谐	5		
活动参与	是否精彩	5		
安全生产	有无安全隐患	10		
操作过程	是否正确、熟练	30		
任务质量	是否圆满完成	10		
工具、设备使用	是否规范、标准	10		
工作页填写	是否完整、规范	15		
现场 6S	是否做到	10		
总　　分		100		

注：没有按照操作流程操作，出现人身伤害或设备严重事故，本任务考核结果为 0 分。

表 7-4　任务过程反馈表 （学生填写）

反馈内容	回答
你是否完成本学习任务，并得到老师的确认？	
你是否能准确有效地收集、分析和组织完成资料，正确地交流信息？	
你是否已经掌握预期的知识和必备的技能？	
你是否充分使用学习资源和按计划有组织地完成任务？	
操作完成水平： 上述表格中的项目应为肯定回答。若不是，应咨询老师。你可以要求附加相关活动，以便完成相关的操作技能。 教师签字：_____ 学生签字：_____ 完成日期：_____	

四、学习拓展

（1）查阅资料，说明从燃油滤清器放出来的汽油为什么这样脏。

（2）查阅资料，总结燃油滤清器过脏会使汽车产生哪些故障。

学习任务八　发动机总装与竣工检验

 任务描述：

　　一辆帕萨特的发动机进行大修，已经完成解体后的检修，需对发动机进行总装，并进行竣工检验，请制订计划并实施。

学习目标：

　　通过本学习任务的学习，应当能：
（1）知道发动机总装要求。
（2）知道发动机总成大修竣工验收的技术要求。
（3）清楚维修企业竣工检验制度。
（4）正确装配发动机总成。
（5）正确吊装发动机总成。
（6）正确对大修后的发动机进行检查。

建议学时：18 课时

学习内容：

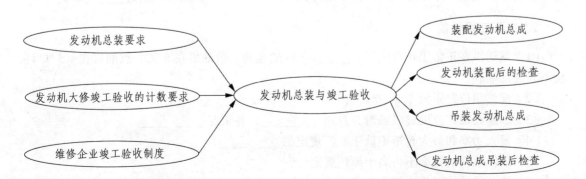

一、任务准备

引导问题 1：发动机总装的要求有哪些？

（1）准备装合的零、部件及总成都要经过_____，必须保证_____。

（2）易损零件、紧固锁止件应全部_____，如气缸垫及其他衬垫、开口销、自锁螺母、弹簧垫圈等。

（3）严格保持零件、润滑油道_____。零件清洗洁净后应用压缩空气_____，并在光洁面上涂一层_____，以防生锈。气缸体上安装缸盖螺栓的盲螺孔中不得积存_____，以免旋入缸盖螺栓时，挤压孔中的积液而形成极高的液压，致使螺孔周围的缸体平面向上凸起或开裂。

（4）不许互换的零件（如气门等），应做好_____，以防错装。全部零件清洁、清点后应分类摆放整齐。

（5）装配时，应在零件的配合表面（过盈配合、过渡配合、动配合表面）和摩擦表面（如凸轮、齿轮、摇臂头部、螺纹等）上涂抹_____，做好_____。

引导问题 2：发动机总成修理竣工技术条件有哪些？

1. 一般技术要求

（1）装备齐全、按规定完成了发动机磨合，无_____、_____、_____、_____现象。

（2）加注的机油量、牌号以及润滑脂符合_____。

（3）急加速时无_____，不_____，消声器无_____，工作中无_____。

（4）机油压力和水温_____。

（5）气缸压力符合原厂规定，各缸压力差，汽油机应不超过各缸平均压力的_____，柴油机不超过_____。

（6）四冲程汽油机转速在 500～600 r/min 时，以海平面为准，进气歧管真空度应在_____kPa 范围内，其波动范围，六缸机不超过 3.5 kPa，四缸机不超过_____kPa。

2. 主要使用性能

（1）发动机在正常工作温度下，_____s 内能起动。柴油机在 5 ℃，汽油机在 −5 ℃ 环境下，起动顺利。

（2）配气相位差不大于 2°30′。

（3）加速灵敏，速度过渡圆滑，怠速_____，各工况_____。

（4）最大功率和最大转矩不低于原厂规定的_____。

（5）最低燃料消耗率不得高于原厂规定。

（6）发动机排放限值应符合规定。

引导问题 3：维修企业竣工检验制度主要有哪些？

（1）汽车维修竣工检验由专职检验人员负责实施。

（2）汽车维修竣工检验内容为＿＿＿＿＿＿＿、＿＿＿＿＿＿、＿＿＿＿＿＿＿、检测路试后的再检测及＿＿＿＿＿＿＿。

（3）修竣车辆竣工检验严格依据《营运车辆综合性能要求和检验方法》（GB/T 18565—2001）要求进行。首先进行整车外观和底盘检查，检查合格后进行路试，对于路试中所发生的不正常现象，要认真复查。路试合格后重新进行底盘检查，确保各项技术性能合格后由总检开具出厂合格证。

（4）对于进行二级维护及以上维修作业的车辆，除上述检验内容外，还必须经计量认证的汽车综合性能检测站检测合格。

（5）严禁为检验不合格的车辆开具＿＿＿＿＿＿＿。

（6）竣工检验合格的车辆实行规定的＿＿＿＿＿＿＿制度。

（7）填写＿＿＿＿＿＿＿。

二、任务实施

引导问题 4：完成本任务，需要使用的主要工、量具有哪些？

在表 8-1 中填写本任务所需要使用的工、量具。

表 8-1　工、量具名称及型号

名称	型号

引导问题 5：怎样规范装配发动机总成？

（1）安装曲轴总成。

曲轴在安装时，应是已安装上飞轮并做过动平衡的曲轴飞轮组件。

① 在各主轴承表面涂机油。

② 安装曲轴轴承，安装止推垫片，放置曲轴和主轴承盖及螺栓。

③ 如图 8-1 所示，按顺序分几次均匀地拧紧主轴承盖螺栓。

④ 检查曲轴转动灵活。

⑤ 检查曲轴止推间隙。

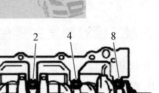
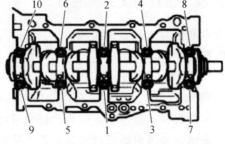

图 8-1　曲轴主轴承盖螺栓拧紧顺序

（2）安装连杆分总成。

① 使用活塞环收紧器，按正确的位置把活塞和连杆总成推入各自的气缸，活塞的前标记朝前，如图 8-2 所示。

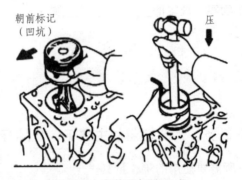

图 8-2　安装连杆分总成

② 把连杆盖装在连杆上。连杆盖与连杆匹配，前标记朝前。

③ 在连杆盖螺母下方涂一薄层机油。

④ 按规定力矩分几次交替拧紧螺母。

⑤ 用油漆在螺帽和连杆螺栓上做标记，再将螺帽拧紧 90°。

⑥ 检查曲轴转动灵活，检查连杆止推间隙。

（3）安装机油泵及集滤器总成。

如图 8-3 所示，安装机油泵及集滤器总成。

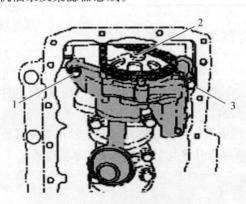

图 8-3　安装机油泵及集滤器总成

（4）安装油底壳（见图8-4）。

安装油底壳时使用密封填料，密封填料的施用位置和用量的有关信息，请参考维修手册。

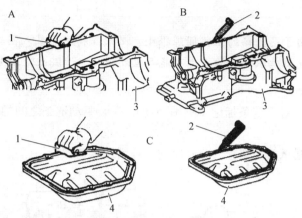

图8-4 安装油底壳

（5）安装气缸垫（见图8-5）。

① 安装气缸垫以前，清洁气缸盖下部和气缸盖上部。清洁螺栓孔所有油污和湿气。

② 按照正确的方向将垫片定位。

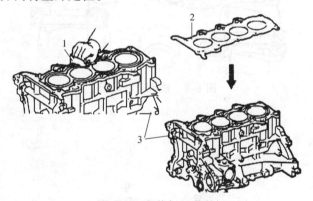

图8-5 安装气缸盖垫

（6）安装气缸盖。

① 在气缸盖螺栓的螺纹和螺栓头下部涂一薄层机油，按图8-6所示顺序分几次均匀拧紧气缸盖螺栓。

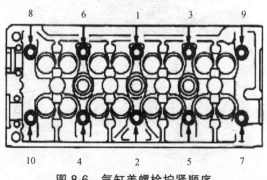

图8-6 气缸盖螺栓拧紧顺序

② 用油漆在气缸盖螺栓的前面作标记，按顺序再将气缸盖螺栓拧紧 180°。

（7）安装凸轮轴。

小提示：由于凸轮轴的止推间隙很小，必须保持水平装入凸轮轴。如果凸轮轴不能保持水平，气缸盖承受轴的推力可能开裂或损坏，造成凸轮轴变形或断裂。车。

① 放置凸轮轴，对准链条标记（见图 8-7），安装驱动链条之间的凸轮轴正时调节器和链条张紧器。

② 放置凸轮轴轴承盖和螺栓。分几次均匀拧紧轴承盖螺栓。

图 8-7　链条正时标记

（8）安装水泵总成。

（9）安装正时皮带。

（10）安装气缸盖罩（见图 8-8）。

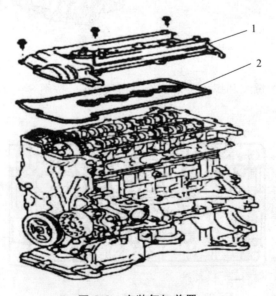

图 8-8　安装气缸盖罩

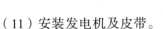
（11）安装发电机及皮带。

（12）安装进排气歧管等其他附件并连接管路。

引导问题 6：怎样规范对装配好的发动机进行检查？

按照发动机大修后的技术要求，对装配后的发动机进行检查，完成表 8-2 和表 8-3。

表 8-2　常规检测

检查项目	是否正常	描述不正常现象
有无四漏现象		
5 s 内能否顺利起动		
急速是否稳定，急速转速是否正常		
加速是否灵敏，有无异响		
急加速有无爆震、回火和放炮现象		
机油压力和水温是否正常		

表 8-3　仪表检测

检测项目	测量值	技术要求	是否正常
气缸压力值			
气缸压力差			
进气歧管真空度			

引导问题 7：怎样规范吊装发动机总成？

1. 从大修台上拆卸发动机（见图 8-9）

（1）将吊索装置连接到发动机吊耳上。

（2）从大修支座上拆卸发动机。

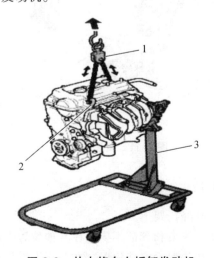

图 8-9　从大修台上拆卸发动机

2. 安装离合器和飞轮

（1）在曲轴上安装 SST 固定曲轴，安装飞轮并拧紧安装螺栓（见图 8-10）。

（2）将 SST 插入离合器盘中，然后再将其插入飞轮中，对准飞轮和离合器壳上标记，对准离合器和飞轮中心，拧紧安装螺栓。

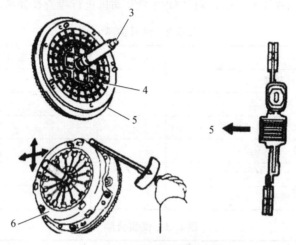

图 8-10　安装离合器和飞轮

3. 安装驱动桥

如图 8-11 所示，将花键润滑脂抹在驱动桥输入轴上，将离合器盘花键与驱动桥的输入轴对准，拧紧安装螺栓。

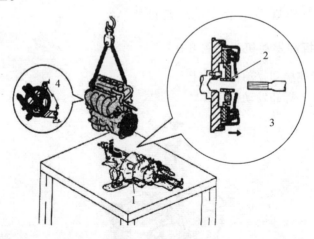

图 8-11　安装驱动桥

4. 安装发动机（见图 8-12）

（1）将发动机放在发动机升降托架上。

（2）举升发动机的同时注意线束和管道不要钩在其他位置上或者与车身接触。

（3）检查发动机安装位置和悬架梁安装位置，在车上安装发动机。

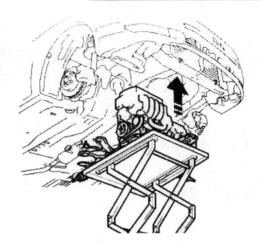

图 8-12　安装发动机总成

5. 悬架梁位置定位

将 SST 插入车身和悬架梁的基准孔中然后用手上紧所有螺栓，然后再用工具按规定力矩拧紧螺栓。

6. 安装车下部的部件（见图 8-13）

将拆卸的部件安装在原来的位置。

（1）安装驱动轴。

> **小提示**：对准拆卸时做的安装标记；不要损坏驱动轴护套和转速传感器转子；拆卸后的锁止螺母不能再次使用，必须更换新的锁止螺母。

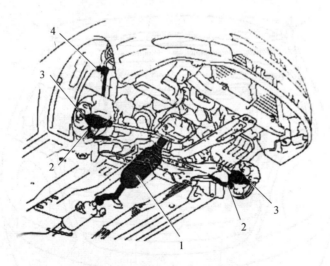

图 8-13　汽车下部的零件安装位置

（2）安装横拉杆端头。

> **小提示**：开口销用过一次后不能再用，必须更换新的开口销。

（3）安装排气管。
（4）安装稳定器。

> **小提示**：先用手上紧螺栓和螺母，再用工具拧紧，防止部件滑落。

7. 安装发动机室内小总成（见图 8-14）

（1）安装空调压缩机。

> **小提示**：不要使空调压缩机碰到散热器等，以免造成损坏。

（2）安装离合器分离泵。

> **小提示**：切勿使挠性软管管路弯曲。

（3）安装换挡和选挡拉线。

> **小提示**：有些车型不允许重复使用现有卡扣，参照修理手册以确认卡扣是否可以重复使用。

（4）安装传动带。
（5）安装加速踏板拉线。

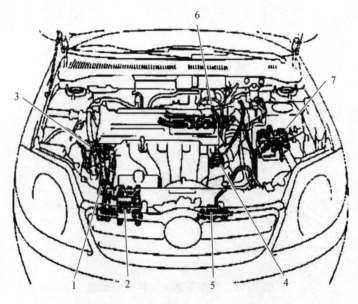

图 8-14　发动机室内小总成安装位置

8. 连接燃油管（见图 8-15）

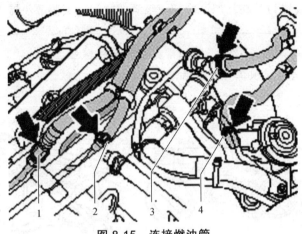

图 8-15　连接燃油管

9. 连接卡箍和软管

小提示：连接软管以前使用压缩空气清洁空气滤清器总成。

10. 安装转向中间轴

确保方向盘和转向齿轮处于中心位置，对准中间轴与转向齿轮标记，拧紧螺栓。

小提示：如果转向中间轴和转向齿轮的位置不对准，方向盘的中心位置将偏移，空气囊螺旋电缆也可能断裂。

11. 安装换挡杆

向换挡杆顶端涂抹润滑脂，检查换挡杆的方向定位，然后将它安装在变速器上。重新安装中央储物箱。

12. 连接连接器和线束（见图 8-16）

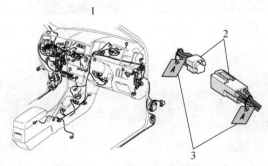

图 8-16　连接连接器和线束

13. 加注冷却液（见图 8-17）

将加热器的温度设置为最高，加注冷却液至满的标记，安装散热器盖。

> **小提示：** 注入冷却液以前，保证排放塞和排放螺栓已经拧紧。某些车型有特殊的空气排除说明，进行该项工作时查看修理手册。

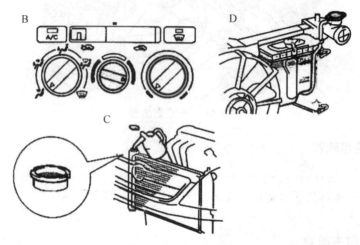

图 8-17　加注冷却液

14. 连接控制单元线束接头（见图 8-18）

连接蓄电池负极。

图 8-18　连接控制单元线束接头

引导问题 8：怎样规范地进行吊装发动机后的检查？

1. 发动机起动前检查（见图 8-19）

图 8-19　发动机起动前检查

按照表 8-4 中的顺序检查以便确认总成是否遗漏以及安装是否良好。在对应选项中打"√"，并填写处理措施。

表 8-4　发动机起动前检查

检查项目	良好	不正常	处理措施
确认连接器被连接到拆卸时所贴标签对应的位置			
轻轻拉动各连接器，检查其是否连接良好			
确认没有螺栓或者螺母松动			
检查是否有总成或零件遗失在托盘、工作台上或者其他地方			
检查所有的卡箍是否安装在正确的位置			
检查是否有冷却液或者发动机机油从软管或者管道接头处泄漏			
检查发动机中注入的机油是否达到机油尺的"F"标记			
检查传动皮带是否安装在正确的位置上			
检查传动皮带张紧力是否合适			
恢复燃油泵电路连接，由 OFF 转至 ON 位置多次转动点火开关，使燃油泵间歇工作，检查燃油是否泄漏			

2. 发动机起动后检查（见图 8-20）

起动发动机并进行表 8-5 中的检查。在对应选项中打"√"，并填写处理措施。

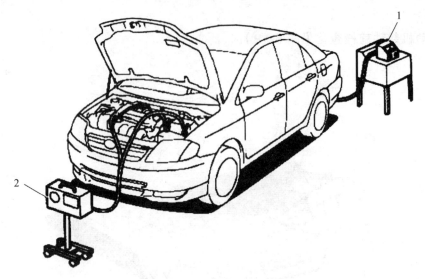

图 8-20　发动机起动检查

表 8-5　发动机起动后检查

检查项目	良好	不正常	处理措施
检查发动机起动是否正常			
检查发动机起动后是否有异常声音			
检查燃油是否泄漏			
检查是否有发动机机油或者冷却液泄漏			
检查排气歧管及排气管是否漏气，进气管路是否有真空泄漏			
检查发动机是否有异常的振动			
使用发动机性能检测仪检测发动机控制系统、点火正时是否正常			
使用发动机尾气分析仪检查尾气排放情况			
检查传动皮带张紧力是否合适			
恢复燃油泵电路连接，由 OFF 转至 ON 位置多次转动点火开关，使燃油泵间歇工作，检查燃油是否泄漏			

3. 行驶检查（见图 8-21）

驾驶车辆并进行表 8-6 中的检查。在对应选项中打 "√"，并填写处理措施。

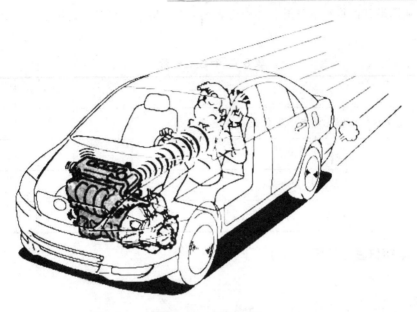

图 8-21　行驶检查

表 8-6　行驶检查

检查项目	良好	不正常	处理措施
起动车辆时，检查拆卸过的部件周围是否有异常噪声。			
加速和减速时，或者进行发动机制动时，检查是否有异常噪声。			

4. 行驶后检查（见图 8-22）

图 8-22　行驶后检查

驾驶后利用举升机将车辆举升，并进行表 8-7 中的检查。在对应选项中打"√"，并填写处理措施。

表 8-7　行驶后检查

检查项目	良好	不正常	处理措施
发动机机油有无泄漏，液位是否合适			
燃油是否泄漏			
冷却液是否泄漏			
变速器油是否泄漏			

5. 恢复车辆信息（见图 8-23）

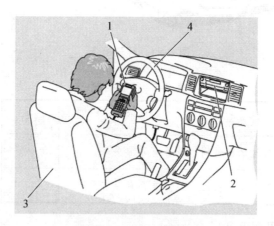

图 8-23　恢复车辆信息

所有的检查都已经完成后，连接诊断仪，恢复已经记录下的车辆信息，并完成表 8-8。

表 8-8　恢复车辆信息

检查项目	已恢复	未恢复
恢复收音机频道		
恢复时钟		
恢复转向盘位置（带有记忆系统）		
恢复座椅位置（带有记忆系统）		

6. 填写大修竣工检验单

根据发动机装配后的检查和发动机吊装后的检查，完成大修竣工检验单的填写，如表 8-9 所示。

表 8-9　汽车维修行业发动机大修竣工检验单

编号：

进厂编号		厂牌车型		车牌照号码	
发动机编号		竣工日期		主修人	

发动机外观、装备及性能

检验内容及结果：	检验内容及结果：
发动机外观：	怠速转速/r·min^{-1}
喷（涂）漆：	运转状况： 怠速：　中速：　高速：　加速及过度：
四漏检查： 油：　水：　电：　气：	发动机异响：
螺栓螺母：	机油压力，MPa 怠速：　　高速：
润滑油：	气缸压力，MPa

1	2	3	4	5	6	7	8

气缸压力差/MPa

空滤器：	调速率（柴油机）：	（汽油机）真空度/kPa 怠速：　波动范围：

限速装置：	（柴油机）排放污染物：

（汽油机）	怠速_____r/min		高怠速_____r/min	
	CO %	HC 10^{-6}	CO %	HC 10^{-6}

起动性能：	额定功率/kW　　最大转矩/N·m
电控系统有无故障码显示：	发动机燃油消耗率/g(kW·h)$^{-1}$：
电控系统有无故障码显示：	发动机噪声：

备注：

竣工检验员：_____　　　　　_____年___月

三、评价与反馈

1. 任务实施考核成绩评定（表8-10）

表8-10　动机总装与竣工检验考核表

考核项目及分值	考核内容	评分标准	评分记录
准备工作5分	清洁工量具及其工作台	1. 未清洁工量具扣1分 2. 未清洁工作台扣1分	
装配发动机总成 20分	安装曲轴总成和连杆分总成； 安装机油泵及集滤器总成； 安装油底壳； 安装气缸盖和凸轮轴； 安装水泵总成和正时皮带； 安装气缸盖罩； 安装发电机及皮带； 安装其他附件并连接管路	1. 未正确安装各个部件一次扣2分 2. 未正确对准标记一次扣5分 3. 未按规定力矩拧紧一次扣5分 4. 未正确说出部件名称一次扣2分 5. 未正确按照步骤安装一次扣3分	
检查装配好的发动机 25分	有无四漏现象； 能否顺利起动； 怠速和加速工况检查； 机油压力和水温； 气缸压力； 真空度	1. 检查漏一项扣5分 2. 检查方法错扣3分 3. 检查部位错误扣3分 4. 检查数据不正确扣5分	
吊装发动机总成 20分	从大修台上拆卸发动机； 安装离合器和飞轮； 安装驱动桥和安装发动机； 安装车下部的部件； 安装发动机室内小总成； 连接燃油管、软管和线路； 安装转向中间轴和换挡杆； 加注入冷却液	1. 未正确安装各个部件一次扣2分 2. 未正确对准标记一次扣5分 3. 未按规定力矩拧紧一次扣5分 4. 未正确说出部件名称一次扣2分 5. 未正确按照步骤安装一次扣3分	
吊装发动机后的检查 25分	发动机起动前检查； 发动机起动后检查； 行驶检查； 行驶后检查； 恢复车辆信息； 填写大修竣工检验单	1. 检查漏一项扣5分 2. 检查方法错扣3分 3. 检查部位错误扣3分 4. 检查数据不正确扣5分	
收尾工作5分	清洁工具、量具、工作台； 工、量具应摆放整齐	1. 未清洁扣1~3分 2. 未摆放整齐扣1分	
考核时限	完成全部考核内容规定用时为120 min	1. 超时1 min扣5分 2. 超时5 min即停止记分	

2. 任务过程评价与反馈（表 8-11 和表 8-12）

表 8-11　任务过程评价表（教师填写）

考核项目	评分标准	分数	成绩	过程评价
劳动纪律	有无迟到、早退和旷工	5		
团队合作	是否和谐	5		
活动参与	是否精彩	5		
安全生产	有无安全隐患	10		
操作过程	是否正确、熟练	30		
任务质量	是否圆满完成	10		
工具、设备使用	是否规范、标准	10		
工作页填写	是否完整、规范	15		
现场 6S	是否做到	10		
总　分		100		

注：没有按照操作流程操作，出现人身伤害或设备严重事故，本任务考核结果为 0 分。

表 8-12　任务过程反馈表（学生填写）

反馈内容	回答
你是否完成本学习任务，并得到老师的确认？	
你是否能准确有效地收集、分析和组织完成资料，正确地交流信息？	
你是否已经掌握预期的知识和必备的技能？	
你是否充分使用学习资源和按计划有组织地完成任务？	
操作完成水平： 　上述表格中的项目应为肯定回答。若不是，应咨询老师。你可以要求附加相关活动，以便完成相关的操作技能。 教师签字：_____ 学生签字：_____ 完成日期：_____	

参考文献

［1］ 汤定国. 汽车发动机构造与维修[M]. 北京：人民交通出版社，2005.

［2］ 陈瑜，雍朝康. 汽车发动机构造与拆装[M]. 北京：人民交通出版社，2013.

［3］ 殷振波，唐腊梅. 汽车发动机构造与维修理实一体化教材[M]. 北京：人民交通出版社，2011.

［4］ 陈家瑞. 汽车构造[M]. 北京：人民交通出版社，2002.

［5］ 潘伟荣，刘越琪. 汽车结构与拆装[M]. 北京：人民交通出版社，2010.